国家级职业教育规划教材
全国职业院校学前教育专业教材

第3版

幼儿
科学教育活动设计与指导

卜立新　主编

中国劳动社会保障出版社

简　介

本教材以幼儿园几种典型的科学教育活动内容为主线，结合活动案例的设计与指导方法，在介绍幼儿科学教育的基本概念及幼儿科学教育活动的目标与内容的基础上，对幼儿观察认识活动、幼儿实验操作活动、幼儿科学制作活动、幼儿讨论探究活动、幼儿种植饲养活动、幼儿科学游戏活动和幼儿区域科学教育活动的相关知识进行了全面阐述。

本教材由卜立新任主编，杨荣辉、吴金凤、杨苍芝、刘媛微、龚秀红、张丽丽、周新新、王蕾、李丹参与编写，吴兴华审稿。

感谢中国科学院第三幼儿园、中国科学院第七幼儿园、河北师范大学汇华学院附属幼儿园，以及北京昂立东方红幼儿园为本教材提供部分优秀教学案例。

图书在版编目（CIP）数据

幼儿科学教育活动设计与指导 / 卜立新主编 . -- 3 版 . -- 北京：中国劳动社会保障出版社，2020

全国职业院校学前教育专业教材

ISBN 978-7-5167-4452-9

Ⅰ. ①幼…　Ⅱ. ①卜…　Ⅲ. ①学前教育 – 科学技术 – 活动课程 – 高等职业教育 – 教材　Ⅳ. ①G613.3

中国版本图书馆 CIP 数据核字（2020）第 095305 号

中国劳动社会保障出版社出版发行

（北京市惠新东街 1 号　邮政编码：100029）

*

北京市艺辉印刷有限公司印刷装订　新华书店经销

787 毫米 × 1092 毫米　16 开本　11.25 印张　190 千字

2020 年 9 月第 3 版　2026 年 1 月第 6 次印刷

定价：24.00 元

营销中心电话：400-606-6496

出版社网址：http://www.class.com.cn

http://jg.class.com.cn

前　言

学前教育是终身学习的开端，是国民教育体系的重要组成部分，是重要的社会公益事业。学前教师教育担负着培养学前师资的重任，始终受到国家的高度重视，2018年《中共中央　国务院关于学前教育深化改革规范发展的若干意见》明确提出要“办好学前教育”“大力加强幼儿园教师队伍建设”。为了适应学前教育发展的形势，满足学校培养学前师资的教学要求，2020年，我们对全国职业院校学前教育专业教材进行了修订和补充，重点做了以下几方面的工作。

第一，完善了教材体系。根据目前职业院校学前教育专业的教学实际，增加了《幼儿行为观察与指导》《幼儿园游戏》等教材，将《舞蹈（第二版）》和《幼儿舞蹈创编与教法》整合为《幼儿教师舞蹈基础》，将《基本乐理与伴奏编配（第二版）》分为《基本乐理》和《简易钢琴伴奏构建法》。调整后，整套教材体系更加科学、完善，便于教学的开展。

第二，更新了教材内容。对上版教材中的部分内容进行了调整、补充和更新，使教材更加符合当前职业院校学前教育理念和实践方法。增加了实践性教学内容的比重，主要技能点均配以详细的操作指导，以引导学生运用所学知识分析和解决实际问题。

第三，提升了教材表现形式。通过设置知识卡、能力卡、情景再现、引导案例等栏目，增加教材的亲和力，激发学生的学习兴趣。同时，加强了图片、表格及色彩的运用，营造出更加直观的认知环境，提高了教材的趣味性和可读性。

第四，加强了教材立体化资源建设。在教材修订的同时，开发了与教材配套的习题册和电子课件。电子课件及习题答案可登录技工教育网（jg.class.com.cn），搜索相应的书目，在相关资源中下载。在部分教材中使用了二维码技术，针对教材中的教学重点和难点制作了演示视频、音频等多媒体素材，学生使用移动终端扫描二维码即可在线观看或收听相应内容。

本套教材的编写得到了有关学校的大力支持，教材编审人员做了大量的工作，在此我们表示衷心的感谢！同时，恳切希望广大读者对教材提出宝贵的意见和建议。

人力资源社会保障部教材办公室

目　录

第一章 幼儿科学教育概述

学习目标

- 了解幼儿科学教育的特点和意义
- 明确幼儿科学教育的目标和内容
- 掌握幼儿科学教育活动的设计策略，并能够对活动进行评价

科学教育要从人生之初开始，科学精神的种子应从此时萌发。但是，幼儿期的科学教育不在于教授幼儿高深的科学知识和技术，而在于在幼儿的心灵中播下科学精神的种子。在日常学习中，培养幼儿对自然和社会的广泛兴趣，使他们喜欢探索，乐于发现，掌握初步的科学常识和科学方法，更重要的是培养幼儿对科学的兴趣和探索精神，为日后发展打下坚实基础。

第一节　科学教育与幼儿科学教育

一、科学教育

1. 科学教育的含义

科学教育是指通过教学，旨在让学习者掌握科学知识、学会科学方法、养成科学态

度，以培养科学技术人才，提高全民科学素养为目的的一种教育活动。科学教育的基本内容可归纳为科学知识、科学方法和科学态度。

2. 现代科学教育的特点

现代科学教育是一种有目的地促进人的科学化的活动，其特点主要有以下几个方面。

（1）现代科学教育强调现代科技与日常生活的结合，使学习者学习到生活中所需要的科学技术知识，获得解决问题的能力，以便更好地适应现代社会生活。

（2）现代科学教育强调实践性，让学习者动手、动脑，参加实践活动并获得科学知识、科学方法和科学态度。

（3）现代科学教育不仅传授科学知识、科学方法，而且训练和培养学习者的科学思维、科学精神，提高学习者的科学探究能力和科技创新能力等。

二、幼儿科学教育

1. 幼儿科学教育的含义

幼儿科学教育是指幼儿在教师的指导下，通过自身的活动对周围的世界进行感知、观察、操作、发现，以及提出问题、寻找答案的探索过程。

例如，教师带领幼儿外出采集各种小石头，回到幼儿园后，让幼儿向同伴介绍自己所采集的小石头，互相交流，并进行各种分类、制作活动。在活动过程中，幼儿不仅认识了各种各样的石头，学习了分类方法，发展了观察能力、思维能力、审美能力，而且培养了探索大自然的兴趣和热爱大自然的情感。

2. 幼儿科学教育的特点

（1）幼儿科学教育是整个科学教育体系的起始阶段、基础环节

幼儿处于人生的最初阶段，身心发展尚未成熟、完善，所以针对幼儿的科学教育相当于一种科学启蒙教育，是整个科学教育体系的起始阶段、基础环节。这种启蒙教育的目的在于激发幼儿学习科学的兴趣和好奇心，帮助幼儿积累科学经验，掌握一些初步的技能，为以后的科学学习打下良好的基础。

（2）幼儿科学教育建立在科学儿童观基础上

幼儿科学教育的任务强调对幼儿好奇心和探索兴趣的保护和培养，承认幼儿的个体差异，使每个幼儿的整体素质在原有水平上都能得到发展。事实上，由于知识经验贫乏，幼儿对新鲜事物特别感兴趣，表现出强烈的好奇心，总想一探究竟。科学教育的启蒙正是以幼儿渴望认识却无知、想知而又知之极少为切入点的。

（3）幼儿科学教育主要在活动中进行

参与科学活动是幼儿学习科学的实质。幼儿天生好动，看见什么都想摸一摸、看一看，他们往往通过自身在日常生活中的探索活动直接进入对科学知识的学习。

3. 幼儿科学教育的意义

（1）科学教育可以促进幼儿智力的发展

智力水平虽然受到遗传因素的影响，但婴幼儿所处环境和所受教育的影响也不容忽视。引导幼儿科学探索环境，为幼儿提供广泛而粗浅的各种科学知识的教育，对幼儿智力的发展起着非常重要的作用。

（2）科学教育有利于培养幼儿的好奇心、科学兴趣及对周围世界的积极态度

好奇心是幼儿学习的内驱力，它对幼儿形成对周围世界的积极态度起着重要作用。科学教育为幼儿提供了多种多样有趣的科学活动，幼儿的好奇心在这些活动中得到了满足；而成人给予的正确引导、鼓励，又保护了他们的好奇心。这些不仅能使幼儿对学科学产生兴趣，而且能引导他们长大以后正确对待周围事物。

（3）科学教育有利于促进幼儿独立性、持久性、创造性等品质的发展

在科学教育的各种活动中，虽然幼儿自身能力不同，每个人的表现也不同，但当幼儿参与实践操作时，都会主动付出一定的努力，克服一定的困难。实践证明，不同的幼儿在科学讨论探究活动中，都会选择通过自己的努力有所发现、有所收获，这能够促进幼儿独立性、持久性、创造性等品质的发展。

（4）科学教育有利于提高幼儿的环保意识，培养幼儿热爱大自然的情感

通过科学教育活动，幼儿能够了解人类与大自然是相互依存的，人类与动植物应保持和谐友好的共存关系，明白破坏环境所造成的不良后果，并形成环保意识和热爱大自然的情感。

幼儿科学学习的特点

幼儿在不同的年龄阶段，学习科学的特点各有不同，具体如下。

一、3～4岁

1. 类属概念处于混沌状态

在3～4的岁幼儿的头脑中，外在世界往往是一片不分化的混沌状态，他们对

一些物体的现象分辨不清，常常混淆。例如，有的幼儿把绿草、绿叶叫作“绿花”；有的幼儿认识柳树后，把其他的树也叫作“柳树”；还有幼儿把树干叫作“木头”。

2. 缺乏有意性，带有模仿性

3～4岁的幼儿不会有意识地围绕一定的目的去认识某一事物，也不善于根据所见、所闻、所知表达自己的认识、调节自己的行为，而是爱模仿别人的言行，表现为别人做什么，他也跟着做什么。

3. 认识带有明显的拟人化倾向

3～4岁的幼儿受以自我为中心的影响，常以自己的生活体验解释各种事物和现象，而且认识带有明显的拟人化现象。例如，有的幼儿除了给花草浇水之外，也用自己的饼干喂花草。

4. 带有表面性和片面性

3～4岁的幼儿的注意力往往比较容易集中在具有鲜艳色彩、会发出悦耳声音、生动、自己喜欢的事物上，对于不感兴趣的事物似乎视而不见，这种特点影响了他们对于事物的认识。

二、4～5岁

1. 好奇好问

4～5岁的幼儿会对大自然发生浓厚的兴趣，什么都想去看一看、摸一摸。能够运用感官探索、了解新事物，经常会向成人提问，不但喜欢问是什么，而且还爱问为什么。例如，有的幼儿会问“这是什么？”“洗衣机为什么能洗衣服？”等。

2. 初步理解科学现象中表面的和简单的因果关系

4～5岁的幼儿一般已可以直接感知自然现象，并理解一些表面的和简单的因果关系。例如，“经常浇水就会开花”“小鸟没有翅膀就不能飞了”等。

3. 开始根据事物的表面属性、功用和情境进行概括分类

4～5岁的幼儿在已有感性经验的基础上，开始能够对具体事物进行概括分类，但概括的水平还很低。其分类标准主要是具体事物的颜色、形状等表面属性、功用或情境等。例如，在对图片进行分类时，幼儿把苹果、梨、桃归为一类，认为“都能吃，吃起来水多”；把太阳、卷心菜归为一类，认为“都是圆的”。

4～5岁的幼儿对事物的概括分类具有明显的形象性和情境性特点。因其不能根据事物内在的和本质的属性进行抽象概括，所以也就不能正确地按客观事物的分类标准进行概括分类。

三、5～6岁

1. 有积极的求知欲望

5～6岁的幼儿对周围世界有着积极主动的求知探索态度，并渴望得到答案。

2. 初步理解科学现象中比较深层次的因果关系

5～6岁的幼儿已经开始能够通过内在的、隐蔽的原因解释一些现象。例如，有的幼儿会在解释乒乓球从倾斜的积木上滚落的原因时说："乒乓球是圆的，积木是斜的，球放上去就会滚动。"说明其已能从客体的形状与位置之间的关系中寻找乒乓球滚落的原因。但其对日常生活中所不熟悉的复杂的因果关系还很难理解。

3. 能初步根据事物的本质属性进行概括分类

随着抽象逻辑思维的发展，5～6岁的幼儿开始能够根据事物的本质属性和客观事物的分类标准对事物进行初步的概括分类。例如，把身上覆盖羽毛、长有翅膀和两条腿、由人类饲养的鸡、鸭、鹅归为家禽类；把身上覆盖皮毛、长有四条腿、由人类饲养的猪、兔、狗归为家畜类。但由于受知识、语言、抽象概括水平的制约，其对分类概念的掌握还是比较初级和简单的，不能掌握概念全部的精确含义。

4. 幼儿科学教育的方法

（1）观察法

观察法是人们进行科学研究与探索的基本方法。在幼儿科学教育中运用观察法时，幼儿的观察对象和环境是预设好的，整个活动过程也是受教师指导与调控的。

观察法可以分为个别观察、比较观察、长期系统观察等。个别观察是指幼儿对特定的某一物体或一类物体进行观察，通过有目的地运用感官，获得被观察物体的外形、特征、属性和习性等信息，如观察蚯蚓、指纹等。比较观察是指幼儿同时对两种或两种以上的物体或自然现象进行观察比较，发现物体的不同点和相同点等信息，以此达到对物体的更加深入的认识与理解，如对狐狸和狼的比较观察、对胡萝卜和白萝卜的比较观察等。长期系统观察是指幼儿对某一物体或自然现象进行较长时间的系统观察，主要用于动植物的生长过程和天气现象的变化过程，以此了解自然界各种因素间的相互关系和发展规律，如观察蒜苗、观察蝌蚪、认识风等。

（2）实验法

实验法是对观察法的改进，是指为了获取更加真实、科学的观察结果，对观察条件进行人工干预的一种幼儿科学教育方法。一般需要在特别设定的环境中对事物进行观察，如糖的溶解、颜色的变化等。

实验法中的实验主要指科学小实验，是教师或幼儿按照实验目的与设计利用一些材料，通过简单的演示或操作对周围常见的科学现象加以观察与验证的一种活动。实验法分为教师演示实验和幼儿操作实验。教师演示实验难度较大，不适合幼儿操作，一般由教师演示，幼儿观察，师生进行互动。幼儿操作实验是指由幼儿亲自动手操作参与的实验，主要是简单易行、便于操作，并且实验效果明显的活动，可以充分满足幼儿的好奇心，尤其是能够满足幼儿动手操作的强烈愿望。

（3）制作法

制作法是指使用某些工具进行物体设计与制作的方法。在幼儿科学教育中，制作法主要用于科学小制作活动，如制作风车、制作降落伞等。由于能力有限，幼儿的制作活动主要是复制性的。幼儿在教师的指导下进行探究，可以体验到科学制作的乐趣，增强动手制作的信心。

（4）讨论探究法

讨论探究法是指幼儿在教师的指导下，围绕某一主题进行交流讨论和探索的方法，如声音从哪里来、谈手机等。讨论探究一般由教师主持与调控，鼓励幼儿参与，激发其思考、讨论与探索。讨论探究法对教师的能力要求比较高，也需要幼儿对讨论主题的相关内容有所准备，这样才能使讨论探究法的作用发挥得更加充分。

（5）游戏法

游戏法是指通过游戏的形式进行幼儿科学教育的一种方法。其特点是运用自然物质（石头、树枝、沙土等）和图片、玩具等进行带有游戏性质的操作活动，如玩沙子、捉影子、吹泡泡等。游戏法可以分为实物游戏、图片游戏、口头游戏和情景游戏等。

第二节　幼儿科学教育的目标与内容

一、幼儿科学教育的目标

1. 幼儿科学教育目标的层次结构

幼儿科学教育的目标按其层次不同，可以分解为总目标、年龄阶段目标、单元目标和活动目标四个层次，如下图所示。

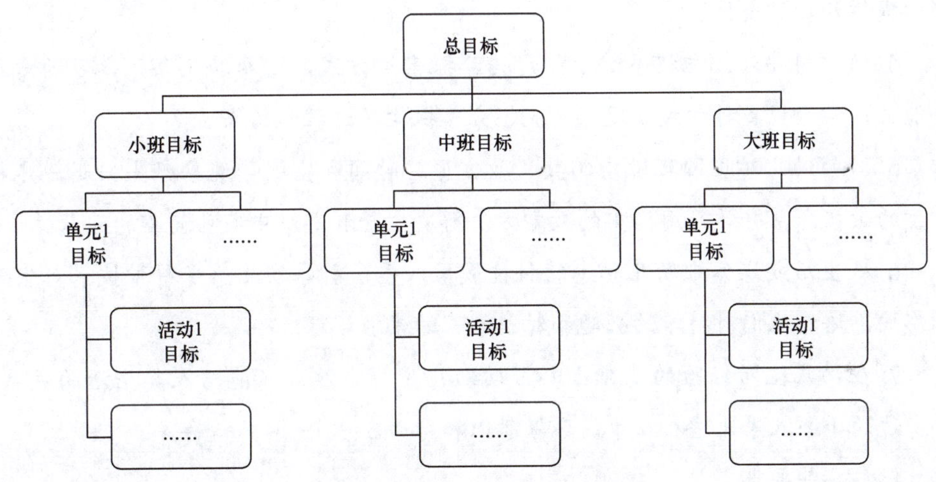

幼儿科学教育目标的层次结构图

（1）总目标

幼儿科学教育的总目标是幼儿阶段科学教育总的任务要求。它原则性地指出进行科学教育的范围和方向，是科学教育所期望的最终结果。我国幼儿科学教育的总目标主要按照《幼儿园教育指导纲要（试行）》的规定执行。

《幼儿园教育指导纲要（试行）》中科学领域的教育内容与要求

一、目标

1. 对周围的事物、现象感兴趣，有好奇心和求知欲。

2. 能运用各种感官，动手动脑，探究问题。

3. 能用适当的方式表达、交流探索的过程和结果。

4. 能从生活和游戏中感受事物的数量关系并体验到数学的重要和有趣。

5. 爱护动植物，关心周围环境，亲近大自然，珍惜自然资源，有初步的环保意识。

二、内容与要求

1. 引导幼儿对身边常见事物和现象的特点、变化规律产生兴趣和探究的欲望。

2. 为幼儿的探究活动创造宽松的环境，让每个幼儿都有机会参与尝试，支持、鼓励他们大胆提出问题，发表不同意见，学会尊重别人的观点和经验。

3. 提供丰富的可操作的材料，为每个幼儿都能运用多种感官、多种方式进行探索提供活动的条件。

4. 通过引导幼儿积极参加小组讨论、探索等方式，培养幼儿合作学习的意识和能力，学习用多种方式表现、交流、分享探索的过程和结果。

5. 引导幼儿对周围环境中的数、量、形、时间和空间等现象产生兴趣，建构初步的数概念，并学习用简单的数学方法解决生活和游戏中某些简单的问题。

6. 从生活或媒体中幼儿熟悉的科技成果入手，引导幼儿感受科学技术对生活的影响，培养他们对科学的兴趣和对科学家的崇敬。

7. 在幼儿生活经验的基础上，帮助幼儿了解自然、环境与人类生活的关系。从身边的小事入手，培养初步的环保意识和行为。

三、指导要点

1. 幼儿的科学教育是科学启蒙教育，重在激发幼儿的认识兴趣和探究欲望。

2. 要尽量创造条件让幼儿实际参加探究活动，使他们感受科学探究的过程和方法，体验发现的乐趣。

3. 科学教育应密切联系幼儿的实际生活进行，利用身边的事物与现象作为科学探索的对象。

（2）年龄阶段目标

幼儿科学教育的年龄阶段目标是总目标在各个年龄阶段的具体体现，是总目标的具体化。它把幼儿科学教育的总目标按照不同年龄幼儿的发展水平作了具体的划分，反映了不同年龄阶段幼儿的科学教育目标要求的差异性。我国幼儿科学教育的年龄阶段目标主要体现在《3 ~ 6 岁儿童学习与发展指南》中的科学领域目标，具体如下。

1）子领域一：科学探究

目标 1　亲近自然，喜欢探究（见表 1–1）

表 1–1　亲近自然，喜欢探究

3～4 岁	4～5 岁	5～6 岁
1. 喜欢接触大自然，对周围的很多事物和现象感兴趣 2. 经常问各种问题，或好奇地摆弄物品	1. 喜欢接触新事物，经常问一些与新事物有关的问题 2. 常常动手动脑探索物体和材料，并乐在其中	1. 对自己感兴趣的问题总是刨根问底 2. 能经常动手动脑寻找问题的答案 3. 探索中有所发现时感到兴奋和满足

目标 2　具有初步的探究能力（见表 1–2）

表 1–2　具有初步的探究能力

3～4 岁	4～5 岁	5～6 岁
1. 对感兴趣的事物能仔细观察，发现其明显特征 2. 能用多种感官或动作去探索物体，关注动作所产生的结果	1. 能对事物或现象进行观察比较，发现其相同与不同 2. 能根据观察结果提出问题，并大胆猜测答案 3. 能通过简单的调查收集信息 4. 能用图画或其他符号进行记录	1. 能通过观察、比较与分析，发现并描述不同种类物体的特征或某个事物前后的变化 2. 能用一定的方法验证自己的猜测 3. 在成人的帮助下能制定简单的调查计划并执行 4. 能用数字、图画、图表或其他符号记录 5. 探究中能与他人合作与交流

目标 3　在探究中认识周围事物和现象（见表 1–3）

表 1–3　在探究中认识周围事物和现象

3～4 岁	4～5 岁	5～6 岁
1. 认识常见的动植物，能注意并发现周围的动植物是多种多样的 2. 能感知和发现物体和材料的软硬、光滑和粗糙等特性 3. 能感知和体验天气对自己生活和活动的影响 4. 初步了解和体会动植物和人们生活的关系	1. 能感知和发现动植物的生长变化及其基本条件 2. 能感知和发现常见材料的溶解、传热等性质或用途 3. 能感知和发现简单物理现象，如物体形态或位置变化等 4. 能感知和发现不同季节的特点，体验季节对动植物和人的影响 5. 初步感知常用科技产品与自己生活的关系，知道科技产品有利也有弊	1. 能察觉到动植物的外形特征、习性与生存环境的适应关系 2. 能发现常见物体的结构与功能之间的关系 3. 能探索并发现常见的物理现象产生的条件或影响因素，如影子、沉浮等 4. 感知并了解季节变化的周期性，知道变化的顺序 5. 初步了解人们的生活与自然环境的密切关系，知道尊重和珍惜生命，保护环境

2）子领域二：数学认知

目标1　初步感知生活中数学的有用和有趣（见表1–4）

表1–4　初步感知生活中数学的有用和有趣

3～4岁	4～5岁	5～6岁
1. 感知和发现周围物体的形状是多种多样的，对不同的形状感兴趣 2. 体验和发现生活中很多地方都用到数	1. 在指导下，感知和体会有些事物可以用形状来描述 2. 在指导下，感知和体会有些事物可以用数来描述，对环境中各种数字的含义有进一步探究的兴趣	1. 能发现事物简单的排列规律，并尝试创造新的排列规律 2. 能发现生活中许多问题都可以用数学的方法来解决，体验解决问题的乐趣

目标2　感知和理解数、量及数量关系（见表1–5）

表1–5　感知和理解数、量及数量关系

3～4岁	4～5岁	5～6岁
1. 能感知和区分物体的大小、多少、高矮长短等量方面的特点，并能用相应的词表示 2. 能通过一一对应的方法比较两组物体的多少 3. 能手口一致地点数5个以内的物体，并能说出总数。能按数取物 4. 能用数词描述事物或动作，如我有4本图书	1. 能感知和区分物体的粗细、厚薄、轻重等量方面的特点，并能用相应的词语描述 2. 能通过数数比较两组物体的多少 3. 能通过实际操作理解数与数之间的关系，如5比4多1；2和3合在一起是5 4. 会用数词描述事物的排列顺序和位置	1. 初步理解量的相对性 2. 借助实际情境和操作（如合并或拿取）理解“加”和“减”的实际意义 3. 能通过实物操作或其他方法进行10以内的加减运算 4. 能用简单的记录表、统计图等表示简单的数量关系

目标3　感知形状与空间关系（见表1–6）

表1–6　感知形状与空间关系

3～4岁	4～5岁	5～6岁
1. 能注意物体较明显的形状特征，并能用自己的语言描述 2. 能感知物体基本的空间位置与方位，理解上下、前后、里外等方位词	1. 能感知物体的形体结构特征，画出或拼搭出该物体的造型 2. 能感知和发现常见几何图形的基本特征，并能进行分类 3. 能使用上下、前后、里外、中间、旁边等方位词描述物体的位置和运动方向	1. 能用常见的几何形体有创意地拼搭和画出物体的造型 2. 能按语言指示或根据简单示意图正确取放物品 3. 能辨别自己的左右

（3）单元目标

幼儿科学教育的单元目标一般有时间单元目标和主题活动单元目标两种。

1）时间单元目标是指在一段时间内（如一个月或一周内）要达到的目标，相当于“月计划”或“周计划”中的科学教育目标。

例如，幼儿园中班9月份的科学教育目标包括：

①喜欢在大自然中活动；

②喜欢观察、操作、提出问题；

③对社会生活中人们的各种活动和成果感兴趣；

④认识比较常见的几种动物，了解它们的生活特性及其与人们生活的关系；

⑤了解一些常见的自然现象及其与人们生活的关系。

2）主题活动单元目标是指在一组有关联的科学教育活动全部结束后所要达到的目标。

例如，幼儿园小班主题活动“有趣的气味”的科学教育目标包括：

①感知不同的气味，学会用鼻子闻物体的气味，发展感知能力；

②关心周围事物，对感知活动有兴趣；

③学会用语言表达所得到的信息；

④懂得鼻子的重要性，知道爱护自己的鼻子。

（4）活动目标

幼儿科学教育的活动目标一般是指一次具体的科学教育活动所要达到的目标。它是根据幼儿科学教育的总目标和年龄阶段目标或单元目标，并且结合具体教育活动内容的特点，以及幼儿的特点制定的具体的、可操作的目标。

例如，幼儿园小班“可爱的蚕豆荚”的科学教育活动目标包括：

1）有主动感知物体的兴趣；

2）能发现蚕豆荚的基本特征，发展观察力；

3）学习根据物体大小进行简单分类。

以上四个层次构成了金字塔式的幼儿科学教育目标层次结构。该结构下，每层目标都是上一层目标的具体化，低层次目标的实现最终能达到高层次目标的实现；下层目标与上层目标之间、局部目标与整体目标之间是协调一致的；阶段性目标之间是相互衔接的，体现了幼儿心理发展的渐进性。

2. 幼儿科学教育目标的分类结构

根据幼儿身心发展的特点和当代社会发展的需要，幼儿科学素养主要应包括科学知识经验的获得、科学方法的学习以及科学情感和态度的培养三个方面。以此作为依据，幼儿科学教育目标的分类结构如下图所示。

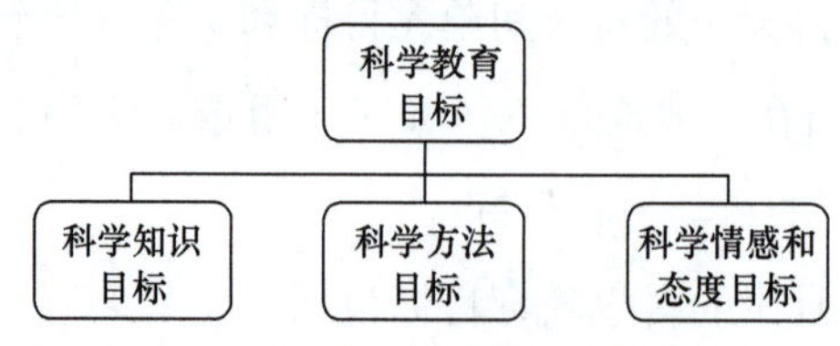

幼儿园教育目标的分类结构图

（1）科学知识目标

幼儿科学知识方面的教育目标是指通过教育使幼儿获取周围世界的广泛的科学经验或在感性经验的基础上形成初级的科学概念。

例如，“知道生物的生长、人类的生活都离不开水”“初步了解地球的一些主要的自然地貌状态：高山、平地、海洋、湖泊”等。

（2）科学方法目标

幼儿科学方法方面的教育目标是指通过教育使幼儿获取探索周围世界和学习科学的方法，如观察、分类、测量、思考和表达交流等，以及获得观察能力、思维能力、创造力、动手能力和初步解决问题能力的发展。

例如，“能根据蚕豆荚的大小进行简单的比较和分类”“学习边观察边操作，认识水的特性”“使用简单的测量工具测量目标物体的尺寸”等。

（3）科学情感和态度目标

幼儿科学情感和态度方面的教育目标是指通过教育培养幼儿对科学活动的兴趣爱好，特别强调对好奇、进取、负责、合作、客观、虚心、细心、耐心、信心、创造、思考等态度和情感的培养。

例如，“能集中于自己的制作活动”“喜欢探究周围的自然现象”“能主动探索周围的自然现象并能发现问题、提出问题、寻求答案”等。

幼儿各年龄阶段科学教育的具体目标

一、小班

1. 情感方面

（1）激发幼儿对周围事物的好奇心，使其乐意感知和摆弄他们能够直接接触到的自然物和人造物。

（2）激发幼儿探索自然现象和参与制作活动的兴趣。

（3）使幼儿喜爱动植物和周围环境，并能在成人的感染下表现出关心、爱护周围事物的情感。

2. 方法技能方面

（1）帮助幼儿学会运用多种感官感知物体的外部特征。

（2）帮助幼儿学会使用简单的工具。

（3）帮助幼儿学会通过目测等简单方法比较物体的形体大小和数量差别。

（4）引导幼儿用词语或简单的句子描述事物的特征或自己的发现，并与同伴、教师交流。

3. 知识方面

（1）引导幼儿观察周围常见自然物（如小猫、小狗、小草、石头等）的特征，获取粗浅的体验，初步了解它们与自己生活、与周围环境的具体关系。

（2）引导幼儿观察周围常见自然现象的明显特征，获取粗浅的体验，并感受它们与自己生活的关系。

（3）引导幼儿观察日常生活中直接接触的个别人造产品的特征及用途，获取粗浅的科学经验，感受它们给自己生活带来的便利。

（4）学习用一一对应的方法比较两组物体的数量，具备多、少和一样多的概念。

（5）学习以自身为中心区分上下、前后的空间方位，认识圆形、正方形、三角形，形成早、晚的时间概念。

二、中班

1. 情感方面

（1）发展幼儿的好奇心，引导幼儿探究生活中常见的自然现象、自然物和人造物，引导幼儿参加制作活动。

（2）培养幼儿关心、爱护动植物和周围环境的情感和行为。

2. 方法技能方面

（1）学会比较观察不同物体或同类物体的特征。

（2）学会使用工具制作简单物品。

（3）学会比较和概括，即对直接观察到的事实进行比较和概括，认识到事物的不同和相同。

（4）引导幼儿用自己的语言描述自己的发现，与同伴、教师交流，并学会运用其他手段（如图表、绘画、作品展览等）展示自己的科学活动结果。

3. 知识方面

（1）帮助幼儿获取自然环境中动植物及沙、石、水等无生命物质与人类关系的具体经验，了解不同环境中个别动植物的形态特征和生活习性。

（2）帮助幼儿了解四季的特征及其与人们生活的关系，观察常见的自然现象，获取感性经验。

（3）引导幼儿获取生活中常见科技产品的具体知识和经验，初步了解它们在生活中的运用。

（4）能比较10以内数的大小。

（5）认识长方形、梯形、椭圆形，学习以客体为中心区分上下、前后，形成昨天、今天、明天的时间概念。

三、大班

1. 情感方面

（1）激发和培养幼儿好奇、好问、好探索的兴趣。

（2）激发幼儿对自然环境和现代社会生活中科技产品的兴趣，能自己发现问题、提出问题、寻求答案。

（3）使幼儿喜欢并能主动参与科学探索活动和制作活动。

（4）培养幼儿主动关心、爱护周围环境的情感和行为。

2. 方法技能方面

（1）学会主动运用多种感官观察物体的运动和变化。

（2）学会实验操作验证推论和预测，并能对操作过程和结果进行思考、调整和修正。

（3）学会运用简单工具和多种材料进行制作活动，能够发现材料的多种特性和功能，并能表现出一定的创造性。

（4）学会推论和预测，即根据观察到的现象，并结合自己已有的经验推想原因，提出合理的解释，得出结论，并预测将来可能发生的现象。

(5) 引导幼儿用完整、连贯的语言与同伴、教师交流自己在科学活动中的做法、想法和发现，以及表达发现的喜悦。

3. 知识方面

(1) 帮助幼儿初步了解不同环境中的动植物及其与环境的相互关系。

(2) 向幼儿介绍周围生活中的环境污染现象和人们保护生态环境的活动。

(3) 帮助幼儿获取有关季节、人类、动植物与环境等关系的感性经验。

(4) 引导幼儿探索生活中常见的自然现象，使他们获得有关的科学经验。

(5) 能对10以内的数进行数的组成和分解，能做简单的计算题。

(6) 逐渐学会以自身为中心区分左右，认识几种常见的立体图形（如正方体、球体、长方体、圆柱体等），形成星期几和一年四季的初步概念。

二、幼儿科学教育的内容

1. 关爱、探究身边的有生命物质，探索无生命物质，以及它们与环境及人们生活的关系

(1) 动植物与环境及人们生活的关系

1) 学习常见动植物的名称，通过饲养、护理等方式观察、发现动植物典型的外部特征，知道主要用途，观察、了解动植物的生活习性。

2) 探究和认识动植物的多样性，知道动物、植物是多种多样的，不同的动物或植物是不同的。

3) 观察和初步发现动植物的生长、变化规律，学会用不同的方式记录（如标记、绘画等）、交流观察中的有趣现象、新发现。

4) 探索和初步发现动植物、人、自然环境的相互关系

①在人与动植物、自然环境的关系方面，知道在日常生活中人们是怎样利用动物和植物的（如食用、观赏等），又是怎样保护动物和植物的，以及不保护动物和植物所造成的后果（如生态环境遭到破坏、出现沙尘暴、给人们带来危害等）。

②在动植物与自然环境的关系方面，知道动物和植物的生存与生长离不开空气、阳光、水；不同的动物和植物生存与生长环境是不同的，有的在陆地上、有的在水里，有的在温暖的地方、有的在寒冷的地方等；动物随着季节变化会有迁徙、冬眠的情况发生、植物则会有形态方面的变化。

③在动物与动物、植物与植物及动物与植物之间的关系方面，了解它们之间的“朋

友”或“天敌”的关系。

（2）非生命物质与人、自然环境的关系

1）水

①探索、感受水是无色、无味、透明的，认知水是流动、有浮力的（有的物体浮起来，有的物体沉下去等）。通过实验懂得水在不同的条件下有三态（液态、气态、固态）变化。

②通过实验、游戏、讨论等形式，知道水对于生命及其在人们生活中的重要作用，如在一定时间内观察没有浇水的花的变化情况等。

③知道哪些现象是节约用水、哪些现象是浪费用水，知道节约用水，懂得保护水资源要从自我做起。

④观察并了解日常生活中哪些现象是水污染，水污染对水中的动植物的影响是怎么样的，如工业污水流进江河，破坏了鱼的生存环境，从而使鱼的生存受到很大威胁等。

2）沙、石、土

①了解沙、石、土之间的简单关系，知道沙、土是由岩石变化而来的，沙、石不适合植物生长，肥沃的土壤是植物生长的最佳场所。

②通过实验、游戏等方法探索、发现沙、石、土的特性，知道它们各自的主要用途，知道地球表面覆盖着大量的沙、石、土。

③懂得珍惜土地资源、合理利用和保护自然资源。

3）空气

①知道空气是看不见、摸不着的，人的周围到处都有空气。

②通过实验、游戏的方式探索、发现空气的流动，如风是怎样形成的。

③知道动物、植物的生长和人类的生存离不开空气；知道植物与空气的关系，如植物的生长可以净化空气、使空气更加清新等；知道人类生活与空气的关系，如保护空气、污染空气等。

④知道有关空气的其他现象。

（3）人体及人与自然环境的关系

1）观察人体主要的感觉器官，如视觉器官（眼）、听觉器官（耳）、嗅觉器官（鼻子）、味觉器官（舌头）、触觉器官（皮肤）等，能探索、感受它们各自的功能。

2）初步了解人的差异性及其种类，如男、女之别，以及种族、肤色、发色、五官特征之别等。

3）认识人的基本外部结构，如头、颈、四肢、躯干、皮肤等，发现并感受它们的功能。

4）初步感受和体验人的生理活动和心理活动。人的生理活动包括呼吸、消化、血液循环、排泄等。例如，体验在静态、动态下呼吸的变化情况或短时屏住呼吸的感受等。人的心理活动包括情绪、想象、记忆等。例如，知道情绪不同表现形式也不同（如高兴与微笑、伤心与哭泣等），学会控制自己的消极情绪，发展自己的积极情绪。

5）初步了解人的出生、发育到衰老是一个自然的生命发展过程。

6）了解珍爱生命、锻炼身体、预防疾病的重要性，养成良好的生活习惯等。

7）了解人与自然环境的关系（这部分内容可结合动物、植物或非生物等进行），知道人生活在自然环境之中，应该与大自然友好和谐地相处，培养幼儿热爱大自然的情感。

2. 关注、感受、探究身边的自然科学现象

（1）光

1）探索和发现光源。光源有来自自然的（如阳光、闪电等），也有人类自己制造的（如各种类型的灯光、火光等）。

2）知道光与人类一些活动的关联。

3）探索并发现光和影子的关系。

4）探索并发现光的反射及折射现象。在此类教育活动中可灵活运用各种工具，如可用日常的生活用品（用透明无色的瓶子底代替凸透镜），可用玩具（望远镜、放大镜、万花筒等），也可尝试用各种光学用具（三棱镜、平面镜、凸透镜或凹透镜等）。

5）探索多种颜色的形成，了解颜色是光反射的结果。

（2）声音

1）辨别噪声与乐音、发出音响效果的物体及其所代表的意义，如优美动听的曲子是弹钢琴时发出的声响等。

2）探索不同物体发出不同声音的方法。能辨别哪些声音是自然界发出的，哪些声音是人体自身活动发出的，哪些声音是机械装置发出的。

3）探索声音的传播方式。探索时须从幼儿的认知特点出发，可通过实验的方法进行，也可通过游戏的方法进行。

（3）冷、热现象

幼儿对于物体的冷、热的生活经验是不同的，可以结合日常生活的经验探索冷、热

现象。

1）感受冷和热，知道有的物体温度低，有的物体温度高。

2）学习用自己的感觉器官（如用眼睛看、用手触摸等）判断物体的温度。学习用温度计判断冷热。

3）探索使物体的温度由高变低或由低变高的方法。

4）知道天气有冷有热。讨论不同地方的人们在冬天是怎样保温取暖的，夏天是怎样散热解暑的，并根据各地情况认识几种常见的取暖或散热用品。

（4）力

物体与物体之间相互作用便产生了力，力的表现形式是多种多样的，有推力、拉力、浮力、重力、摩擦力、弹力、吸引力、电力、风力等，这些力时时刻刻存在于人们的日常生活中，所以应让幼儿探索、发现、体验、感受这些力，获得初步的感性经验。

1）通过实验或操作感受力的大小，探索、发现力与运动的关系及不同大小、方向的力与运动的关系。

2）探索、感受自然界中各种力的现象。

3）通过玩跷跷板、平衡架或天平等感受、体验力的平衡。

4）探索省力的方法，如使用滑轮、倾斜面、杠杆等。

5）探索各种机械，发现其各自的作用。

（5）电

1）初步了解各种电的来源。例如，静电是摩擦产生的，日常生活用电是发电厂通过电线输送过来的，电动小玩具的运动是电池作用的结果。

2）探索各种家用电器、电动玩具等的功能，初步了解电在日常生活中的重要作用。

3）初步了解安全用电常识，以及如何避免用电事故的发生。

4）能正确地对待废旧电池，不随处乱扔，不随意丢弃。

（6）化学现象

在日常生活中，安全又简单有趣的化学现象较多，可以将这方面的内容纳入幼儿科学教育中，让幼儿去探索、去发现。例如，让幼儿观察土豆、苹果在被切开后，过一段时间会发生什么变化；把糖放到嘴里感受甜的味道或放入水杯中观察糖的溶解过程；探索手脏后用香皂把手洗干净的过程。在节日到来时，带领幼儿观察、欣赏五颜六色的灯光等。

（7）天气变化

天气是经常变化的，幼儿应初步了解变化的天气与人们的生活和生产活动有密切的关系，培养关注天气、探索自然变化的兴趣。

1）观察、感受、体验、发现天气变化状况，能用自己喜欢的方式进行记录、报告、预测等。

2）风。可通过实验探索发现风的产生；知道风有大小、冷暖等之分，并和日常生活相结合，感受不同情景下的风；知道风在日常生活中的重要作用（风力发电等）；知道台风、沙尘暴、飓风等给人们带来的危害。

3）云。观察云在天空中的多变性，观察云在不同天气时的表现与变化，知道云有厚薄之分。

4）雨。知道雨有大雨、小雨、暴雨、雷雨等；观察、比较雨的不同；知道雨在不同季节对于植物生长的意义，如春季适时的雨有利于播种，秋季的雨过多不利于秋收等；知道雷雨是夏季常见的天气现象。

5）冰、雪、霜。知道冰、雪、霜等是冬天常出现的自然现象；通过实验或游戏来观察体验冰、雪、霜，如观察窗户上的霜及其变化等；了解冰、雪、霜在日常生活中的表现及应用，如北方的冰灯、雪雕等。

6）知道一年有四个季节，以及每个季节的名称、顺序和典型特征，了解季节的变化发展状况等。

（8）天文现象

1）日。知道太阳的形状，通过图片等观察太阳的颜色，通过实验等来感受太阳的光与热，通过实验了解阳光是动物、植物成长、生长不可缺少的条件。

2）月。通过望远镜或肉眼观察月相的变化等，并用自己喜欢的方式进行记录；通过观看视频等方式知道人类乘宇宙飞船能到达月球。

3）星。观察夜空的星星，知道星星有很多，它们离地球很远，在不停地闪烁等。

幼儿对于天文现象非常好奇，教师可以根据具体情况灵活选择相应内容进行介绍。

3. 结合日常生活初步构建数概念，并学习用简单的数学方法解决日常生活中的问题

幼儿数概念的形成是一个逐步发展与建构的过程，其主要内容包括感知集合、数、量、形、空间与时间等。

（1）掌握物体分类的方法（如按颜色、大小、长短、形状、高矮、厚薄、粗细、轻重等），能对熟悉的物体进行分类，初步理解整体与部分的关系。

（2）探索“1”和“许多”及它们之间的关系。

（3）通过实物操作、比较、游戏等方法学习十位或百位以内的数；先学习基数，再学习序数、倒数等，探索数与数之间的关系；学习数的组成、认读、书写、加减运算，初步理解总数与部分之间的关系。

（4）认识常见的平面图形和立体图形，知道图形的名称和明显的外形特征及各种图形与其他图形的简单关系，先探索平面图形，再探索立体图形。将所学图形和日常生活结合，发现、关注各种生活用品的形状。

（5）用各种方法（包括自然测量）进行量的比较，初步理解量的相对性。

（6）在空间方位上，能分清上下、左右、前后、内外、远近等，知道运动方向，如向前、向后、向左、向右等；在时间上，能区分早晨、中午、晚上，白天、黑夜，今天、明天、昨天，知道星期、日、月、年及它们之间的关系。

幼儿科学教育内容选编的原则

一、科学性与启蒙性原则

选编的科学教育内容必须符合科学原理，正确解释幼儿周围生活中的自然现象和自然物，符合幼儿的知识经验和认知发展水平。在编排内容时，应该考虑使用由近及远、由浅入深、螺旋式上升的编排方法。

二、系统性与整体性原则

系统性应体现在小班、中班、大班各年龄班幼儿认识容量的增加与深度的提高上。同时，选编科学教育内容时，应考虑其所涉及的各方面内容，介绍事物时要注意其内在逻辑联系。

三、时代性与民族性原则

选编科学教育内容时，除保留一些体现民族优秀传统文化特色的、必要的基本内容以外，还要选择一些与幼儿生活密切相关的、能为幼儿所理解的、体现时代特点的科技知识，以开拓幼儿的视野。

四、地方性与季节性原则

选编科学教育内容时，应结合当地的自然环境和文化背景，并充分考虑季节变化情况。

4. 感受现代科学技术对人们生活的作用

（1）感受日常生活中的科技用品

1）家用电器。知道电视机、电冰箱、洗衣机、空调等的主要用途，学会简单的使用方法，知道家用电器在人们生活中的重要作用。

2）现代通信工具。感受手机、网络等给人们生活带来的便利。

3）现代交通工具。了解各种汽车、火车、摩托车、电车、地铁等在人们生活中的重要作用，了解安全驾驶、遵守交通规则等常识。

4）现代农用工具。认识拖拉机、播种机、收割机等，知道现代农用工具减轻了农民的劳动负担，增产又增收。

5）科技玩具。探索各种科技小玩具，会正确使用，能进行拆卸、组装等。

（2）了解、熟悉著名的科学家，感受、体验他们探索和发明创造的过程

通过听故事、看图片等，了解、熟悉著名科学家的故事；通过自己动手制作科技小产品，粗略地感受科学家发明创造的探究过程。尝试使用工具进行手工制作，如制作小风车等，体验制作的过程，感受成功的喜悦。

（3）增强环保意识，培养环保行为

1）在日常生活中，通过看电视、网络视频、画册等，感受诸如“白色污染”“雾霾”等给人们生活带来的不便和危害。

2）尝试从力所能及的事做起，从自身做起，从小事做起，如不乱丢果皮纸屑，不随意伤害小动物，不折花草，看见空流的水龙头要关闭，看见地上有易拉罐、果皮等要主动捡起来扔进垃圾箱等，做一个节约资源、保护环境的“小卫士”。

3）通过散步、短途旅行等方式，感受、欣赏绿化、美化后的环境，陶冶情操。

4）通过专门设计的科学教育活动、游戏等，如“大树妈妈本领大”，体验、感受环保的重要性。

第三节　幼儿科学教育活动设计与组织策略

幼儿科学教育主要是通过活动的形式引导幼儿热爱科学、理解科学，尝试运用科学的方法研究和解决问题，促进其智力和个性全面发展的。幼儿科学教育活动的类型、设

计原则、设计步骤和组织策略的内容具体如下。

一、幼儿科学教育活动的类型

1. 观察认识活动

观察认识活动的主要目的是培养幼儿的观察技能、表达技能及对有关观察对象的科学认识等，如“认识莲蓬”“黄豆宝宝变魔术”“种子发芽”“胡萝卜和白萝卜”等。

2. 实验操作活动

实验操作活动的主要目的是培养幼儿的好奇心和对科学的探究能力，如“蛋宝宝站起来”“有趣的声音”等。

3. 科学制作活动

科学制作活动的主要目的是培养幼儿的动手操作能力，使幼儿学会使用简单的工具，掌握一定的制作方法，理解简单的科学原理等，如“好玩的陀螺”“转动的风车”“不倒翁”等。

4. 讨论探究活动

讨论探究活动的主要目的是培养幼儿的表达、交流技能和有关的科学知识及经验，如“小小宴会”“水滴和纸”“工具用处大”等。

5. 种植饲养活动

种植饲养活动的主要目的是培养幼儿主动参与劳动的自觉性和习惯，让他们感受种植和饲养活动的快乐，如给植物浇水、喂养小动物等。

6. 科学游戏活动

科学游戏活动的主要目的是通过游戏活动，让幼儿借助物质材料以及有关的玩具、图片和音像资料等学习科学知识，寓教于乐，如“吹泡泡”“玩沙子”“光和影子”等。它是对幼儿进行科学启蒙教育的有效方法之一。

7. 区域科学教育活动

区域科学教育活动的主要目的是利用科学活动物质条件，让幼儿进行自主探索活动，使幼儿从中得到自主体验和创造的乐趣。

二、幼儿科学教育活动的设计原则

1. 发展性

在设计科学教育活动时，应着眼于促进幼儿的全面发展。具体要求为所设计的科学教育活动要适应幼儿的发展水平，并能促进其发展提高。另外，科学教育活动要兼顾幼儿个体的各方面和谐发展与全体幼儿的整体发展。

2. 趣味性

在设计科学教育活动时，应充分考虑幼儿的兴趣和需要，激发幼儿学习科学的兴趣。兴趣有助于提高个体探索的积极性和主动性，为活动效果奠定基础。

3. 开放性

开放性是相对于封闭式的教育活动而言的。幼儿科学教育活动是一个开放性的系统，要为幼儿创设操作的环境，让他们自己去实践、研究；给予幼儿探索的线索，但不具体指定探索的方向；鼓励幼儿产生多种多样的想法，允许他们得出不同的结论。幼儿科学教育活动不应有固定程序和模式，而应强调根据具体的活动内容和活动对象灵活多变，具有伸缩性；不应对幼儿严格控制，而应鼓励和倡导让幼儿按自己的想法去寻找结论。

4. 活动性

活动性是指科学教育活动的设计和组织要以活动为基本形式，通过活动促进幼儿与周围环境进行积极的相互作用。

5. 整合性

整合性要求在科学教育活动设计中将科学领域内不同的内容、目标、活动类型进行有机整合，如一种活动可通过多种方法和形式进行，实现多个不同目标等。同时，整合性也指将幼儿园课程各学习领域的目标、内容进行适当的整合，如将科学活动与语言活动、艺术活动等结合在一起进行。

三、幼儿科学教育活动的设计步骤

1. 制定活动目标

活动目标是本次幼儿教育活动应达到的具体目标。制定活动目标是幼儿科学教育活动设计中最重要的一环。活动目标将对整个活动设计的方向、范围和程度产生决定性影响，因此，在制定活动目标时应做到以下两点。

（1）活动目标应符合幼儿的年龄特点和当前发展水平。

（2）活动目标的内容、要求、方向和结构，应与阶段目标、总体目标相一致。

2. 选择活动内容

活动内容是科学教育内容的具体化，是实现科学教育目标的手段。活动内容的选择是整个科学教育活动设计的核心，选择时应注意以下三个方面的问题。

（1）应根据科学教育活动的目标选择内容。

（2）应根据幼儿心理发展的特点选择内容。

（3）应了解幼儿已有的经验，在幼儿的新旧经验之间建立联系。

3. 策划活动流程

开展幼儿科学教育活动的过程是教师开展科学教育活动和幼儿进行科学探究活动的过程。策划活动流程的具体要求有以下三个方面。

（1）确定活动环境和条件

活动环境和条件是指幼儿活动的空间和教具、学具、教学设备的提供，要考虑提供的内容、形式、数量、出示的时间和方法等。

（2）选择活动方法

凡是幼儿科学教育方法，如观察法、实验法、游戏法等，都可以根据活动流程不同内容的需要，恰当地选择、灵活地运用，通常是几种方法交替使用，以发挥其综合作用。

（3）确定活动的组织形式

教师可以选择全班或大组的集体活动，也可以选择小组活动和个别活动，或是两种组织形式交替使用。

4. 拟订活动方案

（1）活动名称

活动名称应写清楚科学教育活动的具体类型，适合于何种年龄班，具体内容是什么。

（2）活动目标

活动目标应体现对幼儿在认识、情感和社会方面的要求。

（3）活动准备

1）知识准备。幼儿参加此次科学教育活动应具有的知识基础和生活经验。教师在活动前应为幼儿奠定相关知识和经验基础，以保障幼儿学习活动顺利进行。

2）物质准备。此次科学教育活动所需的材料、仪器、教具、学具等。

（4）活动流程

根据科学教育活动的不同类型、不同内容，分析、研究其大致结构，设计出活动基本框架，草拟出活动流程，使教育活动过程一目了然。关于流程的拟订需要注意以下四点。

1）要认真拟订活动流程的起点和终点，以及中间环节的导入与衔接点。

2）活动流程步骤要清楚，为具体实施留有余地。

3）教师应巧妙提出问题，推动活动向前发展。

4）活动流程中各环节衔接应流畅、自然、连贯。

（5）活动评价

评价是幼儿科学教育活动整体结构的一个组成部分。通过活动评价，教师可以了解科学教育活动的目标、计划、内容、过程、方法、环境和材料等，以及是否适合幼儿的发展水平，是否达到了预定的教育目标。

四、幼儿科学教育活动的组织策略

1. 选择不同的方法激发幼儿对科学活动的兴趣

（1）以实验法激发兴趣

操作材料具有暗示性，能激发幼儿的操作兴趣，所以，在科学活动中为幼儿提供大量可操作材料，对激发幼儿对科学活动的兴趣十分有益。例如，在“神奇的泡泡”活动中，教师为幼儿提供了许多他们认为可以吹出泡泡的材料，让他们去操作实验，在反复实验的过程中，幼儿的好奇心不断被激发和得到满足，学习过程处于积极和快乐的状态。

（2）以游戏法激发兴趣

游戏是最受幼儿欢迎的活动，是幼儿主动、自然进行的活动。在科学活动中巧妙地将理性的科学知识与游戏结合，能有效地激发幼儿参与活动的热情。

（3）以问题情境法激发兴趣

幼儿的积极思维往往是从疑问开始的，有疑问才能启发幼儿去探索，并激发其寻求答案的愿望。教师在指导幼儿进行科学活动时应提出有质量的问题，创设问题情境，使幼儿感到探究活动的挑战性，从而对科学探究活动本身产生兴趣和愿望。

2. 采用适当的提问策略引导幼儿主动探究

在科学教育活动中，如果教师在幼儿操作前没有提出明确的要求或任务，幼儿操作时就会没有目的，有的幼儿甚至把操作当成了嬉戏。因此，在操作前，教师必须通过采用恰当的提问策略让幼儿带着问题去操作，培养幼儿解决问题的能力。在幼儿科学教育活动中，提问是教学成功的基础，它能激励幼儿专注于探究活动和内部心理活动，真正促进幼儿的学习和发展。在幼儿科学教育活动中，教师可以采用以下几种提问方式。

（1）鼓励性提问

鼓励性提问应面向全体，而不是针对个体，教师应设法让更多的幼儿参与回答问题，或在某个幼儿回答之后让其他幼儿发表不同看法或分享观点。例如，在“安装电池”活动中，教师提问：“你是怎样安装电池的？电池上有什么小秘密？大家找找看安装电池有没有小窍门？”

（2）发散性提问

发散性提问没有限定的答案，它能够培养幼儿的独创性，有利于锻炼幼儿解决问题的能力。例如，用“你看看会怎样？”“你发现了什么？”等问题，而不用“是不是一样的？”等限制幼儿深入思考的问题。

（3）层次性提问

在有层次的问题的引导下，幼儿会积极思考与表达，回顾自己在操作中的发现，共同梳理经验，建构科学概念。层层深入的问题设计可以帮助幼儿一步一步地探索发现，在原有经验的基础上逐步丰富体验和知识。例如，在“有趣的声音”活动中，教师提问：“将这些材料分别放到小桶中，它们发出的声音一样吗？”“听起来有什么感觉？”“像你们听到过的什么声音？”

3. 运用多种方法、途径和手段，培养幼儿的探究能力

（1）为每个幼儿提供真正的探究机会

在科学教育活动中，教师要为幼儿创设尊重、支持的环境氛围，给每个幼儿真正探索的机会，保证每个幼儿都有充分与材料相互作用的机会。科学教育活动要遵循“幼儿在前，教师在后；尝试在前，指导在后；活动在前，讨论在后；操作在前，结论在后”的原则，先让幼儿自己去探索、观察、动脑、动手，教师不应急于公布方法和答案。例如，在“有趣的声音”活动中，教师先让幼儿用手触摸感知物体，帮助幼儿用语言表达自己对不同物体的感觉，让幼儿自己探索材料，自己发现，在幼儿充分活动、独立思考后，再由教师进行归纳、小结。

（2）为幼儿提供充分的探究时间，培养幼儿的探究能力

在科学教育活动中，如果受保守教育意识的影响和教学计划的限制，遏制幼儿的探究愿望，使探究活动没有获得时间上的保证，幼儿自然就失去了在实践中自我建构知识与经验的机会，更不可能养成执着的探究精神和解决问题的能力。

（3）鼓励幼儿调动多种感官参与探究过程

在科学教育活动中，教师必须注重让幼儿运用多种感官去探索周围世界、获取信

息、发现问题、寻找答案。教师应为幼儿提供适宜的可操作的材料，让幼儿通过看一看、听一听、摸一摸、闻一闻等感官活动，了解认识世界的方法。

（4）积极引导和鼓励幼儿参与小组讨论，培养合作学习的意识和能力

在科学教育活动中，教师要培养幼儿合作学习的意识和能力，学习用多种方式表达交流，分享探索的过程和结果。例如，在大班的科学教育活动中，教师运用小组合作方式，在操作过程中鼓励幼儿合作开展探究，并组织幼儿在小组内交流表达，不仅能让幼儿对自己的探究活动进行回顾与反思，而且能让其及时地将新发现与教师、同伴分享，产生思维碰撞。

4. 为幼儿的科学教育活动创设更加开放、有趣、宽松的探究环境

幼儿科学教育要求教师在开展教育活动时应善于发现和尊重幼儿的兴趣，把幼儿感兴趣的事物和想要探究的问题纳入科学教育的内容，并将问题变成让幼儿充分动手、动脑的探索活动。在活动中，教师要改变原来的传统角色，由传授者、组织者变成引导者、合作者，支持幼儿“胡思乱想”，鼓励幼儿大胆提出问题，积极引导幼儿讨论、探索、合作、交流和分享，不断为幼儿科学教育活动创设更加开放、有趣、宽松的探究环境。

第四节　幼儿科学教育活动评价

幼儿科学教育活动评价是以幼儿的科学教育活动为对象，按照一定的标准，采用一切可行的评价技术和方法，对该活动现象及其效果进行测定，分析其目标实现程度，并作出价值判断的过程。

一、幼儿科学教育活动的评价对象

幼儿科学教育活动的评价对象主要有三个方面，针对不同的评价对象采用不同的评价方法。

1. 对幼儿发展的评价

（1）对幼儿知识经验的评价

针对幼儿在活动中通过反复操作、思考，亲自体验、感悟所获得的知识经验的具体

情况，教师通过观察、作品分析、谈话等方式进行评价。

（2）对幼儿探究方式和方法的评价

针对幼儿在活动中运用多种感官和基本观察方法的情况进行具体评价。例如，能有顺序地进行观察，能在一定时间内专注地观察、思考，能尝试寻求独特的方法解决问题，能发现事物之间的联系，能用简单的方法统计、记录探究和变化的过程，能对一些物体进行比较、分析和概括，能主动运用多种手段表达交流自己的发现，能大胆提出新问题、新想法等。

（3）对幼儿情感、态度的评价

针对幼儿在活动中对周围世界的好奇心、探究热情、创造精神、科学态度、尊重他人的发现及创造、乐于合作、喜欢分享和交流等方面的表现进行评价。

2. 对幼儿教育活动本身的评价

（1）对目标的评价

活动目标是否与学期目标、幼儿的年龄特点以及幼儿发展的总目标密切联系、相辅相成；是否既符合全体幼儿发展的整体水平和已有经验，又兼顾不同发展水平的个体需要；其构成是否包含情感态度、科学的思维方式和方法，以及知识经验等方面的内容。

（2）对内容的评价

活动内容是否与活动目标相一致；是否贴近幼儿生活，具备科学性和时代性；是否符合幼儿的最近发展区；是否有利于幼儿直接参与和探索实践。

（3）对方法的评价

活动方法是否尊重幼儿的主体性，适合其年龄特点，如直观、生动、形象、简练、便于参与等；是否能根据现实条件因地制宜地运用活动方法；是否能运用现代科技手段辅助活动。

（4）对活动过程的评价

整个活动设计是否紧紧围绕活动目标展开，活动过程的结构是否严密、层层递进、环环相扣。在活动过程中，教师是否充分接纳和尊重幼儿的个体差异；是否充分发挥了自身与幼儿之间的互动作用。

（5）对教育环境的评价

教师为幼儿创设的物质环境（活动空间、活动设备、活动材料等）是否足够丰富、优美和多样；教师为幼儿创设的心理环境（如活动氛围，活动中的师生关系、同伴关系等）是否和谐、宽松、安全和自由。

3. 对教师活动设计和组织策略的评价

教师活动设计和组织策略评价主要针对活动中教育内容的意义、所创设物质环境的启发性、教育活动的探索性、结果的经验性和教育价值的可持续性等方面加以评价。

二、幼儿科学教育活动的评价方法

1. 作品分析法

作品分析法是指根据幼儿的各种作品分析幼儿发展水平或检测教育教学活动效果的方法。例如，要求幼儿观察小蝌蚪的生长变化并做观察记录。教师以此分析幼儿观察的细致性、准确性和系统性，同时了解幼儿意志力、独立性等品质的发展情况。

2. 测查法

测查法也称测试法，是指通过预先准备的问题测查幼儿发展水平的方法。测查法由统一的测试题目和测试程序构成，可以同时对众多对象进行测试，在较短的时间内获得大量的反馈信息，便于量化和统计分析。

3. 问卷调查法

问卷调查法需要事先设计和编制问卷，为便于作答和统计，一般选择的题型有填空题、选择题、判断题、排序题等。

以幼儿作为调查对象的问卷要避免使用文字，应尽量用图画的方式表现。实施调查时，教师在幼儿答题前应指导幼儿阅读问卷，帮助幼儿理解。

由于幼儿的阅读水平较弱，对幼儿的问卷调查还可以较多地采用口头式提问调查。评价者提出问题，由幼儿口头作答，然后根据幼儿的回答进行评价。

4. 观察法

观察法是指通过感官或辅助仪器有目的、有计划地对观察对象自然状态或准自然状态下的现象或行为进行系统和连续的考察、记录和分析，从而对观察对象作出评定的一种资料收集方法。

观察法具有自然性和直接性，特别适用于对幼儿的评价。幼儿的身心发展水平较低，书面和口头表达能力有限，同时，幼儿在被观察时一般不会敏感，表现仍然自然、真实，因此收集的资料更加真实可靠。

观察法的应用范围比较广泛，包含的类别也比较多，常用的主要有行为核对、情境观察和事件详录等。

（1）行为核对

行为核对就是在观察之前，依据评价的目标、内容制定行为反应核对表，实际观察过程中，评价者将观察对象的行为与核对表中的项目逐条核对，并在符合的条目上做记号。

例如，在幼儿园的户外场地上放置若干废旧轮胎，评价者要求大班幼儿玩轮胎，并观察他们对轮胎的行为反应，从而进行行为核对。幼儿对轮胎的行为反应核对表见表 1–7。

表 1–7　幼儿对轮胎的行为反应核对表

具体行为 / 学生	滚动	跳圈	在轮胎上走	钻轮胎	用轮胎跳房子	用轮胎搭宝塔	用轮胎当船划	主动和同伴合作玩轮胎
甲								
乙								
丙								
丁								

注：在符合的行为上打“√”。

通过观察、记录和结果统计，可以分析出幼儿玩轮胎的方式、方法，以及幼儿的创造性等。

（2）情境观察

情境观察是由评价者事先创设一个特殊情境，以此引发评价者想要观察到的对象的有关行为反应，从而获取评价资料，达到评价观察对象的目的。

情境观察的优点是能够测量幼儿发展水平的不同层次，而且它是在情境控制中进行的，能排除一些无关因素的干扰，观察的效果较好。

例如，选择多名幼儿，要求幼儿制作万花筒，观察幼儿在活动中的反应，对其学习态度和方法作出评价。情境观察等级评定表见表 1–8。

表 1–8　情境观察等级评定表

具体行为 / 学生	不专注	专注	放弃	不放弃	请求教师帮助	独立尝试各种方法
甲						
乙						
丙						
丁						

注：在符合的行为上打“√”。

（3）事件详录

事件详录是指观察者观察特定对象某种特定行为或事件的完整过程，并进行详细记录，然后作出评价的一种方法。观察者在日常活动中可以随时随地对观察对象进行观察、记录及评价，但要针对事件的过程或观察对象相应的行为加以速记，并且要确保真实、客观，因此对观察者能力的要求较高。

5. 访谈法

访谈法也称谈话法，是指访谈者通过与访谈对象进行面对面的（或通过其他方式进行的）交谈，以口头问答的形式获取有关评价资料的一种方法。

访谈法可以分为集体访谈和个别访谈，也可以分为直接访谈和间接访谈。例如，可对某个幼儿或一组幼儿进行访谈，可面对面访谈或电话访谈。

运用访谈法时，访谈者首先要做好准备工作，如选择访谈形式，设计访谈提纲，了解访谈对象情况，选定访谈时间、地点等。访谈者在访谈中要与访谈对象建立良好的关系，取得其信任，才能保证访谈的顺利进行和访谈结果的可靠性。

另外，访谈法的对象除了幼儿，还可以是教师、家长等。

思考 · 练习

1. 谈谈你对幼儿科学教育活动的理解。
2. 简述幼儿科学教育活动的设计原则。
3. 绘制幼儿科学教育活动的目标结构关系图，并作简要说明。
4. 观摩幼儿园科学教育活动，结合幼儿科学教育活动评价方法的相关知识设计一次评价活动。

第二章 幼儿观察认识活动

学习目标

- ◆ 了解幼儿观察认识活动的类型，能科学、合理地选择适宜的活动内容
- ◆ 能够独立设计并组织开展幼儿观察认识活动
- ◆ 认真学习案例，并能够进行教学实践模拟，做到触类旁通、举一反三

观察认识活动是幼儿科学教育活动中最常见、最重要的部分。幼儿在直接接触事物的过程中，通过运用多种感官，直观、生动、具体地认识事物，了解事物的特性，提高自身感官的综合活动能力，培养运用感官探索周围环境的习惯，并为发展抽象思维能力、形成概念积累丰富的感性经验。

第一节 幼儿观察认识活动概述

一、幼儿观察认识活动的含义

观察是有目的、有计划、较持久的知觉过程，是幼儿认识世界、获得知识的重要途

径。幼儿观察认识活动是指幼儿以观察为主要认知手段，探索客观事物、现象的特征，发展科学认知、培养科学情感、形成科学态度、训练科学方法的一种科学启蒙教育活动。

二、幼儿观察认识活动的类型

常见的幼儿观察认识活动分为一般性观察、比较性观察和长期系统性观察。

1. 一般性观察

一般性观察指对某一自然物体或自然现象作特定的观察，可以是认识事物的某些特点，也可以是对其进行整体、全面的认识。常用的观察方式有个别物体观察和间或性观察两种。

个别物体观察是指幼儿对单个物体（或一类物体）或现象的观察。幼儿通过有目的地运用感官，对周围某一事物或现象进行直接接触，了解它的外形特征、属性、习性等。例如，观察乌龟、鲜花等单个或一类事物，观察雨、雪等天气现象。个别物体观察是最基本的观察技能，它是其他各种观察的基础，适用于各年龄班的幼儿。

间或性观察是指幼儿对某个物体或现象进行多次观察，但每次观察间隔一定的时间。进行间或性观察时，每次观察都在原来观察的基础上，经过多次观察，对被观察物体形成较完整的、全面的认识。例如，观察鸽子，第一次观察鸽子的外形特征，第二次观察鸽子的生活习惯，第三次观察鸽子与人类的关系。间或性观察主要适用于大班幼儿。

一般性观察是幼儿科学教育活动中最基本和普遍采用的观察形式，幼儿从一出生就开始一般性观察，且这种观察会伴随其一生。

2. 比较性观察

比较性观察指幼儿对两种或两种以上的物体或现象进行观察比较，找出它们之间的不同点与相同点。比较是人思维过程中的一个重要环节，这种方法可以帮助幼儿较快地发现事物的特征，有利于幼儿分类能力的发展和概念的形成，如比较观察常绿树和落叶树等。比较性观察要求幼儿对事物进行比较分析，需要较复杂的认识活动，因此，它适用于小班后期和中班、大班幼儿。

3. 长期系统性观察

长期系统性观察是指幼儿在较长的一段时间内，有计划地、持续地观察某一物体或自然现象的发展变化，对其发展过程在质和量两方面都有较完整的认识。例如，观察蒜苗、豆角、牵牛花等的生长发育过程，观察它们在各个季节的特征等。小班和中班幼儿由于知识经验少，参加活动的目的性及自控力差，对事物进行长期系统性观察还有一些困难。大班幼儿已经积累了一定的自然知识，求知欲强，认识过程的主动性增强，具有一定的观察能力，可以参加这种类型的观察活动。

知识卡

科学观察法与日常观察法的不同见表 2-1。

表 2-1　科学观察法与日常观察法的不同

科学观察法	日常观察法
有目的、有计划	无目的、自发
选择特定观察对象	不选择特定观察对象
要求做严格、详细的观察记录	不要求做严格、详细的观察记录

第二节　幼儿观察认识活动设计与指导

活动名称

认识螃蟹（小班）

活动目标

1. 学习观察的方法。

2. 熟悉螃蟹的主要特征。

活动准备

螃蟹（生、熟两种）、稻草、水、大盆。

认识螃蟹

活动过程

1. 用猜谜的方式导入

教师："今天有一位朋友到我们班来做客，是谁呢？我给大家猜个谜语，谜语猜出来大家就知道这位客人是谁了。"

> **附：谜语**
>
> 两只大钳会夹人，小小嘴儿吐白泡，身穿青灰衣，烧熟变红衣。

2. 引导幼儿观察

（1）请幼儿说一说自己见过的螃蟹是什么样的。

（2）出示螃蟹，用提问的方式引导幼儿观察螃蟹的身体、颜色、腿、眼睛、大螯，以及雌雄之间的区别等。

教师："看看它长得怎么样？身体是什么形状的？颜色呢？它有几条腿？你还能发现其他特征吗？"

（3）引导幼儿运用其他感官感知螃蟹，如用耳朵听一听，它会发出什么声音；用稻草去碰碰螃蟹会怎么样。

（4）引导幼儿进一步观察螃蟹在水中的活动情况。

3. 集中谈话（边提问边让幼儿熟悉螃蟹的特征及生活习性）

（1）螃蟹的背部是什么颜色的？（青灰色）腹部是什么颜色的？（白色）它的外壳是什么形状的？（椭圆形）

（2）螃蟹的眼睛长在哪里？嘴巴呢？

（3）螃蟹有几条腿？（八条腿）它是怎么爬的？（横着爬）

（4）用一根稻草去碰螃蟹的两只大螯，并提问：这是什么？哎呀，稻草被螃蟹的什么钳住了？（大螯）大螯像什么？（剪刀）大螯有什么用呢？（保护自己，拿东西吃）

（5）螃蟹生活在什么地方？（水塘）

（6）你们吃过螃蟹吗？熟了的螃蟹是怎么样的？味道如何？

4. 活动结束

教师小结：螃蟹生活在水里，身体是椭圆形的。活螃蟹的颜色是青色的，熟螃蟹的颜色是红色的，腹部都是白色的。螃蟹有嘴巴、眼睛、两只大螯，大螯可以拿东西吃，也可以保护自己；它有八条腿，一节一节的，靠近身体的一节最粗，中间的一节比较细，最前面一节是尖尖的，上面长有绒毛；它横向爬行，浑身上下都有硬壳。熟螃蟹的味道很鲜美。

附：

雌蟹底部是半圆形的，雄蟹底部是三角形的。

活动评价

本活动是幼儿园小班开展的对个别物体的观察认识活动。螃蟹是较常见的水生动物，其体型特殊，味道鲜美，是幼儿观察的合适对象。通过猜一猜、看一看、摸一摸，以及教师的讲解，幼儿了解了螃蟹的主要特征，达到了活动目标的要求，进一步加深了对科学活动的热爱。

幼儿园教育活动是指在幼儿园中开展的以幼儿为主体，围绕某一主题进行的一种有目的、有计划、有组织地对幼儿进行相关教育的过程，是实现幼儿园教育目标的有效途径，是落实教育任务的具体手段。幼儿园教育活动的设计、组织、实施与指导是幼儿教师必备的核心技能。幼儿园教育活动的设计与指导虽因主题不同会有不同的方式、方法和手段，但是基于教育活动的共同基本属性，幼儿园教育活动还是有其基本的设计组织与指导的方法和步骤的。幼儿教师首先要掌握最基本的幼儿教育活动设计与指导方法，然后随着经验的积累和教育能力的提升，再结合具体的幼儿和教育活动的实际情况，灵活地进行教育活动的设计与指导。

以“认识螃蟹”活动为例，并基于幼儿园一般教育活动设计与指导的基本方法，可以将观察认识活动设计与指导分为导入、展开、结束、延伸四个部分来进行，具体如下。

一、导入

导入时，教师可用生动简明的语言直接引出观察对象，也可用谜语、回忆、提问、游戏、出示观察对象等多种方式导入主题，使幼儿集中注意力，为后面的观察作准备。

例如，在“认识螃蟹”活动中，教师就是通过谜语的方式引出观察对象“螃蟹”的。在比较观察活动“常绿树和落叶树”中，教师可以直接出示观察对象“树叶”，以引起幼儿兴趣。

二、展开

展开即活动开始、目标落实部分，是整个活动的重点。教师要有目的、有次序地引导幼儿对观察对象进行探究、发现。

1. 尽量让幼儿运用多种感官感知观察对象的各种属性

在安全、卫生的前提下，能听的给幼儿听一听，能闻的给幼儿闻一闻，能摸的给幼儿摸一摸。总之，教师要按照不同的观察对象、不同的观察目的，从不同的角度让幼儿感知观察对象，以加深印象，形成清晰正确的概念，获得比较完整的知识。

2. 引导幼儿按一定顺序进行观察

有序观察能使幼儿的观察更为集中，观察得出的结论不至于零散，也能发展幼儿的思维，使之更有条理性。例如，观察植物可按花—叶—茎—根的顺序，观察动物可按头—身—四肢—尾部的顺序，观察水果可由外到内。观察的顺序可根据具体情况灵活处理，但切忌杂乱无章。

3. 教授幼儿用比较法进行观察

比较观察不仅能使幼儿充分了解相同（不同）的物体在不同（相同）的条件下有着不同的表现形态，而且能使幼儿更快地掌握知识内容，并保持他们的好奇心。

用比较法观察时，教师可为幼儿提供已经认识、了解的比较物体，如在观察鹅时，可与其曾经认识过的鸡、鸭进行比较；也可提供其他不了解的比较物体，如在黄豆生长的观察中，幼儿发现长在水里的豆子先发芽，而长在土里的则在浇过几次水以后才长出叶子；幼儿还发现长在水里的黄豆芽的茎是细的，而长在土里的则是粗的，叶子也更绿一点。另外，还可以从观察物自身找对比物。

4. 善于运用提问，保持幼儿观察的兴趣

观察是有目的、有计划、比较持久的知觉过程。教师在幼儿整个观察的过程中，可以通过提问的方式告诉幼儿观察的目的和要求，使观察的过程有目的；还可以用提问的方式把观察活动引向纵深，延长幼儿对事物观察的时间，加强观察的持续性。

教师的提问应有启发性，避免过于抽象的提问。例如，“是什么?”“怎么样?”“为什么?”这类问题，可以促使幼儿思考，动脑筋想问题，而“是不是?”“对不对?”这类

问题，只要求幼儿作肯定或否定回答，幼儿可不假思索或随声附和地回答，不利于促进幼儿智力的发展。

三、结束

结束时，可由教师带领幼儿进行活动小结，巩固加深幼儿通过观察认识活动获得知识的印象。教师可组织幼儿用轮流讨论的方式，引导幼儿将活动中观察到的现象、内容，甚至是心情、感悟等与大家共享，还可以做有关的游戏或画出所观察的动植物，以及朗诵儿歌、诗歌或唱歌、跳舞等。教师也可以根据计划，以激起幼儿新的观察欲望、确定下次活动观察点的方式结束活动。

四、延伸

延伸是指目标进一步延展，活动扩展到集中教学活动之外。例如，观察活动“黄豆宝宝变魔术”，其活动延伸为：去自然角观察黄豆宝宝的又一个魔术（黄豆发芽）。

第三节　幼儿观察认识活动设计与指导参考案例

一、小班观察认识活动设计与指导

● **一般性观察活动**

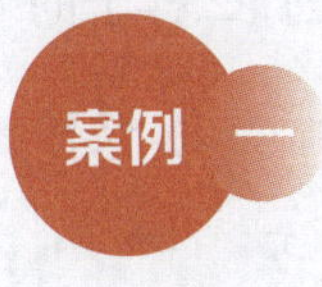

活动名称

认识莲蓬（小班）

活动目标

1. 尝试运用各种感官感知莲蓬，了解莲蓬的特征。

2. 在观察及感知的基础上，用语言、动作或记录的形式表达自己的发现。

认识莲蓬

3. 愿意参与观察活动，并在教师的帮助下有意识地围绕教师所提的问题进行观察。

活动准备

每人一个莲蓬、残渣盘、餐盘、眼罩。

活动过程

1. 出示眼罩，设置情境，引导幼儿用触觉感知莲蓬

教师："小朋友们，今天我们来玩一个蒙眼猜物的游戏。用手摸一摸，你猜这是什么，摸上去有什么感觉？"

教师小结：莲蓬凸出的地方摸上去硬硬的、扎扎的，而凹的地方像海绵，软软的。

2. 教师请幼儿观察莲蓬的外部特征，鼓励幼儿用多种形式表达发现

（1）观察莲蓬的外形。

教师："莲蓬是什么样子？长得像什么？"（鼓励幼儿大胆想象，用语言、动作或记录的形式表达自己的发现）

（2）观察莲蓬的颜色。

教师："莲蓬是什么颜色的？"

（3）感知莲蓬的气味。

教师："莲蓬闻起来是什么气味的？"

教师小结：莲蓬是扁圆形的，吊起来像我们洗澡时用的喷头，也像一把撑开的雨伞……莲蓬的颜色是绿色的，给人一种清凉的感觉，闻起来有淡淡的清香味儿。

3. 剥莲蓬，观察莲蓬的内部特征并进行记录

（1）观察剥开的莲蓬。

教师："小朋友们猜猜莲蓬里面是什么样子的？"（教师剥开莲蓬，引导幼儿描述莲蓬里面有一颗颗绿色外壳的小莲子）

（2）观察剥开的莲子。

教师："这个莲子是什么样子的？"（引导幼儿说出莲子"白白胖胖的"的外形特征）

4. 品尝莲子，感知莲子的味道

（1）教师把事先分成两瓣的莲子给幼儿观察，并请幼儿品尝白色莲子肉的味道。

教师："白色的莲子肉是什么味道的？"

（2）教师："莲子里面一根绿色的、细长的是什么？它的味道怎样呢？"（引导幼儿说出是莲心）

教师小结：莲子肉甜甜的、香香的，莲心苦苦的。

5. 教师带领幼儿总结与分享

教师："你发现了莲蓬的哪些秘密？你是怎样记录下来的？谁还有不一样的发现？"

活动评价

本活动以蒙眼猜物的游戏导入，用猜想的方式激发幼儿探究兴趣，调动了幼儿科学思考的积极性，通过抚摩莲蓬进行猜想和思考。教师通过引导，鼓励幼儿运用多个感官观察莲蓬外部特征，在剥莲蓬时请幼儿亲自动手发现莲子，并观察莲子的外壳，进而继续剥开莲子，对其内部进行观察，从外到内的有序观察不断激发幼儿探究的兴趣和愿望。活动最后，教师请幼儿品尝莲子，了解莲子的味道，发展了幼儿多感官探究事物、表达交流的能力。

活动名称

黄豆宝宝变魔术（小班）

黄豆宝宝变魔术

活动目标

1. 知道黄豆可以制作豆浆、豆腐、豆腐干等豆制品。

2. 观察比较黄豆在不同状态下的外形特征，获得感知事物能力的提高。

3. 养成不挑食的好习惯。

活动准备

1. 每人一小筐干黄豆、一盘豆制品（如用牙签插好的黄山豆腐干和卤汁豆腐干）、一块毛巾。

2. 相关视频、播放设备、豆浆机、电火锅、一杯水、一只空玻璃杯、一锅事先煮好的豆浆。

3. 黄豆宝宝头饰和胸饰各一个，豆腐、素鸡、百叶、油豆腐、豆腐干实物各一份。

4. 让幼儿提前一天浸泡黄豆。

活动过程

1. 初步了解黄豆的外形特征

（1）教师（头戴黄豆头饰）："小朋友们，我是黄豆宝宝，我还把我的好朋友都请来了，它们就在你们的小筐里。今天，大家就来和它们一起玩。让我们先来看看黄豆宝宝长什么样子。小朋友们可以看一看、摸一摸、捏一捏自己筐里的黄豆宝宝，等会儿告诉大家你的发现。"

（2）教师："黄豆宝宝是什么颜色的？它是什么形状的？"

教师小结：黄豆宝宝是一粒粒黄颜色的、圆溜溜的小豆豆。

2. 观看豆浆的制作过程，知道黄豆可以做成豆浆

教师："黄豆宝宝的本领可大了，会变许多魔术，小朋友们每天喝的豆浆也是黄豆宝宝变出来的。"

（1）通过进一步观察，比较干湿不同的黄豆的外形特征，发展幼儿感知事物的能力。

教师："做豆浆前首先得把黄豆宝宝放在水里泡上一天，所以，小朋友们昨天已经在自然角把黄豆宝宝泡上了。请小朋友们每人拿一盒，看一看、比一比泡过的黄豆宝宝和没泡过的黄豆宝宝有什么不一样，你可以把发现告诉旁边的小朋友。"（幼儿观察干湿不同的黄豆）

教师小结：黄豆宝宝只要在水里泡上一天，就会比原来的大一些、软一些、颜色浅一些。

（2）观察做豆浆的过程，了解制作豆浆的方法。

请幼儿睁大眼睛，看看黄豆宝宝是怎么变成豆浆的。（教师操作，幼儿一起说"变、变、变"）

教师倒出豆浆后提问："黄豆宝宝呢？它没有了，变成什么了？豆浆是什么颜色的？豆浆是生的，还不能吃，应该怎么办？"

（3）在煮豆浆的同时让幼儿观看视频，了解黄豆还能做成其他豆制品。

教师："黄豆宝宝本领可大了，除了能做豆浆，还能做许多食物呢，现在请小朋友

们看视频，视频里的东西都是用黄豆宝宝做的，到底是什么呢？请大家睁大眼睛看仔细，等会儿告诉其他小朋友。”（看视频）“视频里的东西都是黄豆宝宝做成的，今天它们也来了，哪些东西是你吃过的？”（幼儿边指边讲）

教师小结：豆腐、百叶、素鸡、豆腐干、油豆腐都是用黄豆宝宝做出来的。

（4）知道黄豆营养丰富，培养幼儿爱吃豆制品的情感。

教导幼儿豆制品不光味道好，而且还很有营养，是人类的好朋友。

3. 活动结束，品尝豆制品

播放优美的音乐，请幼儿一起品尝用黄豆宝宝做出来的食物。提醒幼儿吃完豆制品后擦干净嘴巴。

4. 活动延伸

去自然角观察黄豆宝宝的又一个“魔术”（黄豆发芽）。

活动评价

豆浆等豆制品是幼儿经常要吃的食物，但也常常有幼儿不爱吃豆制品。活动中，教师根据幼儿的年龄特点，注重教学的趣味性，运用拟人化的口吻，用变魔术的方法激发幼儿的兴趣，教育幼儿应多吃豆制品，毫无说教的痕迹，起到了事半功倍的作用。教师运用多样化的教学手段调动幼儿学习的积极性，使幼儿在认知能力和情感方面都得到发展。

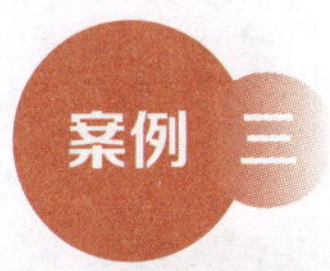

活动名称

认识柳树（小班）

活动目标

认识柳树的主要外形特征，知道春天到来时柳树会发芽、变绿。

活动准备

在户外选择有柳树且安全的地方。

活动过程

1. 教师带领幼儿来到柳树边，请幼儿围拢在柳树边，并提问：“小朋友们，你们来看一看，

认识柳树

这是什么树？”

2. 观察柳树

（1）教师请幼儿摸一摸柳树的树干，说一说柳树的树干摸上去感觉是怎样的。

（2）请幼儿观察柳树的颜色，并提问：“柳树的树干是什么颜色的？树枝是什么颜色的？”

（3）请幼儿观察柳树枝上有什么。（柳树发芽了，有嫩绿的小芽苞）请幼儿想一想，小芽苞会变成什么。（柳树叶）

（4）请幼儿想象在风中飘动的长长的柳树枝像什么。请幼儿学学柳树枝飘动的样子。

（5）提问：柳树枝与周围其他树的树枝有什么不同？

3. 讨论柳树什么时候发芽，请幼儿自由发表自己的见解。

教师小结：柳树是在春天的时候开始发芽变绿的，柳树变绿长出绿芽就是告诉我们春天来了。

活动评价

本活动从小班幼儿的认知发展水平出发，利用季节环境灵活地设计教育活动。通过触觉、视觉使幼儿获得关于柳树的信息，并通过“学学柳树枝飘动的样子”和“抱抱柳树”等游戏活动巩固和加强幼儿的学习体验。

● 比较性观察活动

案例

活动名称

胡萝卜和白萝卜（小班）

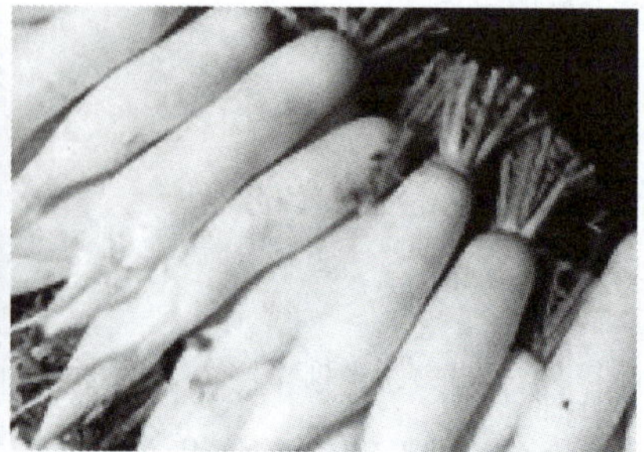

胡萝卜和白萝卜

活动目标

1. 观察胡萝卜、白萝卜，学会从颜色、外形、味道等方面进行比较，找出其不同点。

2. 学习词语——橘黄、光滑和甜甜的。

3. 懂得不挑食、多吃蔬菜的道理。

活动准备

胡萝卜、白萝卜若干，切成小块的两盘萝卜及牙签，幼儿每人一个小白兔头饰。

活动过程

1. 以游戏的形式和口吻进入主题

教师："小兔子们，我们去拔萝卜吧！"

让幼儿每人拿一个萝卜，说出萝卜的名称。

2. 比较两种萝卜的异同

安排拿胡萝卜与白萝卜的幼儿交叉坐好。

（1）比较颜色：看一看，它们的颜色一样吗？它们分别是什么颜色的？

（2）比较形状：比一比，它们的形状一样吗？摸它们的皮时有什么感觉？（学习并运用词语——光滑）

（3）尝味道：请幼儿吃切好的萝卜，每人尝两种，讨论白萝卜和胡萝卜各是什么味道。

3. 教师和幼儿一起小结

白萝卜里外都是白的，圆圆的或长圆的，皮很光滑，吃起来甜甜的；胡萝卜里外都是橘黄色的，长长的有点尖，皮不光滑，吃起来有点药味，也有甜味。萝卜很有营养，小朋友们应该多吃。

活动评价

胡萝卜和白萝卜是日常生活中常见的两种蔬菜。教师通过游戏形式引入学习主题，并让幼儿综合运用感官，在颜色、形状、味道等方面对胡萝卜和白萝卜进行充分的学习，符合小班幼儿的认知特点。

二、中班观察认识活动设计与指导

● 一般性观察活动

活动名称

认识蚯蚓（中班）

活动目标

1. 通过观察、倾听、操作，知道蚯蚓的外形特征、生活习性及其与人类的关系。

2. 知道要保护蚯蚓。

3. 发展幼儿的观察能力，激发探索的兴趣。

认识蚯蚓

活动准备

1. 盛有泥与蚯蚓的盆子，小盆子、筷子和抹布若干。

2. 蚯蚓图片、视频、图书等。

活动过程

1. 观察蚯蚓，知道其外形特征

（1）观察泥土，寻找蚯蚓。

教师："小朋友们来看一看盆儿里的泥土是怎么样的?"（泥土上面有一个个小洞洞）"这是怎么回事呢？泥里藏着什么呢？我们一起把它找出来。"

（2）观察蚯蚓的外形特征。

1）蚯蚓长得怎么样呢？它与其他虫子不一样在哪里？

2）幼儿观察蚯蚓"走路"时的动作，用手模仿蚯蚓爬行时一伸一缩的动作。

教师小结：蚯蚓的身体圆又长，像细细的管子，而且身体滑滑的、软软的、由许多节组成。它与其他虫子不一样，它没有眼睛、鼻子和耳朵，身体下面也没有脚，它是靠身体一伸一缩向前蠕动的。

2. 了解蚯蚓的生活习性

（1）小实验：将蚯蚓放入水中，让幼儿观察蚯蚓会怎么样。

（2）出示放在同一容器中的干湿两种泥，让幼儿观察泥有什么不同。（一边干，一边湿）

（3）找一找蚯蚓在什么地方，想一想蚯蚓为什么在这个地方。

教师小结：蚯蚓喜欢在潮湿的泥土中生活。

3. 了解蚯蚓与人类的关系

（1）蚯蚓生活在泥土里，它吃什么呢？（幼儿自由讨论，并在教室里通过图书、图片等寻找答案）

（2）播放视频，了解蚯蚓的作用。

教师小结：蚯蚓吃的是泥土里腐烂的东西，有时钻出泥土吃地面上腐烂的树叶。它在泥土里生活，使土壤变得松散，庄稼、植物就长得好了，它的粪便还可以做肥料。蚯蚓还可以做中药，它也是家禽、鱼最喜欢吃的饲料之一。

（3）蚯蚓的本领真大，但是一些地方蚯蚓不多，所以人类想出了一个好办法，就是把蚯蚓养起来，然后把它送到需要的地方为人类服务。

4. 活动延伸

（1）和幼儿一起到田野里去找蚯蚓。

（2）在自然角饲养蚯蚓，让幼儿观察蚯蚓松土的现象。

活动评价

蚯蚓是一种常见的昆虫，从幼儿身边寻找观察对象，使幼儿的观察活动更容易开展，也便于幼儿理解。本活动把观察和实验有效结合，从认识蚯蚓的外形特征到了解其生活习性，最后了解其与人类的关系，活动由浅入深、逐层深入，使幼儿在潜移默化中对蚯蚓有全方位的认识。

活动名称

认识特种车（中班）

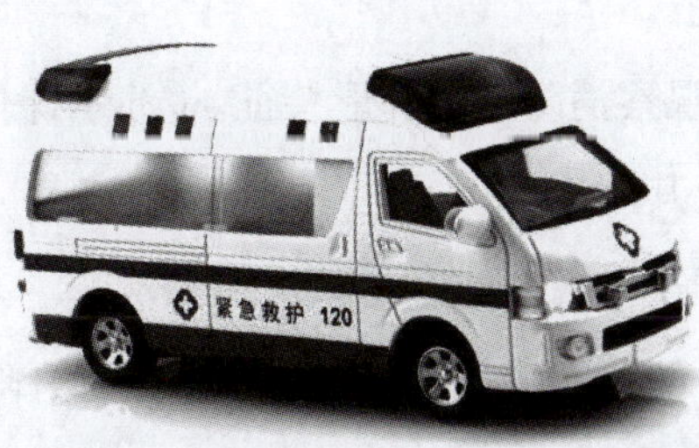

认识特种车

活动目标

1. 知道消防车、救护车、警车是执行特殊任务的车辆，并能说出它们的特殊标志和不同作用。

2. 记住特种车的求救号码，懂得不能随意拨打求救电话。

活动准备

关于特种车的课件一份，每个幼儿一套特种车与求救号码的图片，消防车、救护车、警车玩具若干，儿歌《我是汽车小司机》。

活动过程

1. 导入课题

（1）幼儿在《我是汽车小司机》的音乐声中进入活动室。

（2）教师："小朋友们，你们认识什么样的车？"（演示课件，展示各种各样的汽车，启发幼儿说出各种车的作用）

教师小结：车辆的种类很多，各种车辆的作用也各不相同。

2. 认识特种车的外形及特殊作用

（1）认识消防车的外形及特殊作用。

1)（演示课件）教师："快看，这里发生什么事情了？"（火灾）"我们该请哪种汽车来帮忙呢？"

2）观察消防车的外形特征。（演示课件，引导幼儿观察了解消防车的车身颜色、车身配置及其用途）

教师小结：消防车是救火用的汽车。车身是红色的，车顶装有警报器，车身是急用储水箱，两旁有吸水管和水带，车上有升降梯子和灭火器等救火用具。

3）记住火警电话 119。

教师："当火灾发生时，该拨打什么电话叫消防车呢？"（演示课件，引导幼儿观察拨打火警电话 119 及消防车救火）

教师小结：当发生火灾时，拨打火警电话 119，消防队员会立刻驾驶消防车出发，消防车在路上会发出警报声，沿途的行人和其他车辆都要让路，以便消防车尽快赶到现场灭火，保护我们的家园。

（2）认识救护车的外形及特殊作用。

1）（演示课件）教师："瞧，这个人怎么了？"（突然发病）"我们该请哪种汽车来帮忙呢？"

2）观察救护车的外形特征。（演示课件，引导幼儿观察了解救护车的车身颜色、标志、车头和车门的特征及用途）

教师小结：救护车是专门护送危急病人到医院的汽车。车身一般为白色，并贴有红十字标志，车顶装有警报器。车门在车厢的后面，便于担架的进出。

3）记住急救电话 120。

教师："有人需要马上送医院该拨打什么电话呢？"（演示课件，引导幼儿观察拨打急救电话 120 及救护车救人）

教师小结：当有人突发急病危及生命时，拨打急救电话 120，医护人员会坐上救护车立即出发，救护车在路上会发出警报声，沿途的行人和其他车辆都要让路，以便救护车尽快接到病人并将其送到医院。

（3）认识警车的外形及特殊作用。

1）（演示课件）教师："小朋友们，看看这是哪一种车呢？"（引导幼儿观察警车外形特征）

2）（演示课件）教师："警车都有什么用途呢？"引导幼儿观察图片，说出警车的各种用途。

教师小结：警车是警察用来执行公务的车辆，没有固定车型，车身有专门的标记，车顶装有报警器。警察开着警车追捕罪犯、到交通肇事现场执行公务，还可以为有紧急需要的群众提供帮助，如帮助走失的老人和小朋友回家等。

3）记住报警电话 110。

教师："小朋友们要记住，报警电话不是随便打的哦。由于你们的年纪还比较小，在发现危险时，你们要第一时间向周围的大人寻求帮助和保护，由大人根据情况来决定是否需要报警，请警察叔叔来帮忙。”

3. 用游戏巩固学习成果

（1）为人民服务。

玩法：由教师提出现象，幼儿立即找出相应的电话与车辆卡片，并做相应的动作。

教师提问：“专用号码能不能随便打？打错了会怎样？”

（2）出车。

幼儿选择一辆自己喜欢的玩具车，在听到专用号码后随音乐依次“开出”活动室。

活动评价

本活动用于帮助幼儿认识特种车辆，教师选择了生活中常见的、重要的消防车、救护车和警车。在活动的组织过程中，教师结合每种车的介绍拓展了拨打119、120、110电话等方面的知识，运用多媒体手段形象地展示了学习内容，使教学活动直观、生动，同时，还运用了游戏的手段，帮助幼儿更好地巩固新知识。

活动名称

认识指纹（中班）

认识指纹

活动目标

1. 培养幼儿探索自身的兴趣。
2. 培养幼儿仔细观察的能力，初步认识指纹的形状和性质。
3. 知道每个人的指纹都各不相同，初步了解指纹在生活中的应用。

活动准备

1. 红色印泥若干盒、白纸、彩笔、玻璃杯、马克笔和抹布若干。

2. 每人一个放大镜。

活动过程

1. 导入

给幼儿讲一个关于用指纹破案的小故事，引起幼儿观察指纹的兴趣。

2. 展开

（1）印指纹。

让幼儿用自己手指蘸印泥，并将指纹印在纸上，请幼儿说一说自己的发现。

（2）观察指纹。

指导幼儿用放大镜观察自己的指纹和纸上的指纹印，说一说指纹像什么。

（3）指导幼儿互相观察指纹印，说一说每个人的指纹有什么不同。

3. 指纹的作用

（1）出示几种较为典型的指纹（箕形指纹、弓线指纹和斗形指纹）印，指导幼儿观察它们的差别，说一说自己指纹的特点。

（2）让幼儿知道每个人的指纹都是不相同的，而且指纹永远不会变，因此可以用于辨识人。

（3）演示用蘸有印泥的手指一一触摸玻璃杯、马克笔等物体，请幼儿说一说有什么发现。（当我们的手指和光滑的物体接触时会留下指纹）

教师：“这一点对哪方面有帮助？”（警察叔叔能用罪犯留下的指纹作为证据抓住罪犯）

4. 活动延伸

利用指纹制作指纹画。

活动评价

本活动以有关指纹的小故事作为开始，激发了幼儿的学习兴趣。先让幼儿通过印指纹的操作活动，初步认识手指的指纹，再通过观察、比较与总结认识三种类型指纹等活动，让幼儿初步知道指纹在刑侦等领域的运用，发展了幼儿的表述能力、概括能力、创造能力及想象能力。

● 比较性观察活动

案例

活动名称

有用的豆豆（中班）

有用的豆豆

活动目标

1. 通过猜一猜、看一看比较黄豆、赤豆、绿豆，说出不同豆子的特征及用途。

2. 了解、认识各种豆类食品，喜欢吃豆类食品。

活动准备

1. 每人一个豆罐（内装黄豆、赤豆或绿豆）。

2. 相对应的豆制品及照片。

3. 以豆宝宝的口吻介绍用自己制作成的豆制品的录音。

活动过程

1. 激发兴趣

（1）幼儿摇一摇、听一听、猜一猜豆宝宝。

教师："今天，我们这里有很多的豆宝宝，你们愿意和它们一起玩吗？"（愿意）"那好，我们轻轻把小椅子下面的豆罐端起来，然后轻轻地摇一摇、听一听、猜一猜里面藏了哪位豆宝宝。"

（2）幼儿打开罐子，看看里面到底藏了哪种豆子。

2. 自由探索

（1）听一听、看一看、说一说三种豆子的不同。

教师："老师这边也有三个豆罐，我来摇一摇，你们听一听会发现什么小秘密。它们发出的声音一样吗？为什么？"

让幼儿自由取出一粒豆子，看看长得怎么样。和旁边小朋友的比一比，看看是不是一样的。

（2）送豆宝宝回家。

教师："小朋友们要记得豆宝宝的颜色、大小、形状不一样哦，然后把你们手里的豆宝宝送回它们各自的家里去吧！"（幼儿根据豆子的标记送它们回家）

（3）豆宝宝本领大。

教师："豆宝宝的本领可大了，它们可以被做成很多好吃的食品。现在，我们就去参加一个豆制品展览会，看看你喜欢的豆宝宝变成了什么。"

3. 幼儿交流讨论

（1）你喜欢的豆宝宝变成了什么。

（2）把豆制品送到相应的豆宝宝那里。

（3）听豆宝宝的录音，并根据照片检查豆制品照片与豆宝宝是否对应一致。

教师小结：小朋友们真棒。豆宝宝很开心，要谢谢你们。豆宝宝不仅可以做成这么多好吃的食品，而且这些食品都有丰富的营养，所以我们要多吃、常吃豆制品，让我们的身体长得棒棒的！

活动评价

本活动采用日常生活中常见的黄豆、赤豆、绿豆，通过摇一摇豆罐、听一听声音、猜一猜豆豆等一系列的自由探索，吸引了幼儿的注意力，激起了他们的兴趣。幼儿在轻松愉快的氛围中，不仅掌握了一些豆子的特征和用途，而且知道了用它们做成的相应的豆制品。本活动发挥了幼儿的主动性，使幼儿的自主性有了一定的提高。

三、大班观察认识活动设计与指导

● 一般性观察活动

活动名称

认识风（大班）

活动目标

1. 知道空气流动形成风。

2. 知道一般情况下风是看不见、摸不着的，只能感觉到。

3. 培养幼儿的观察力和感知能力，了解风的好处与坏处，以及人们怎样利用风和战胜由风引起的自然灾害。

活动准备

1. 课前引导幼儿观察风给外界带来的变化，如树枝、红旗、水等被吹风后的变化。

2. 扇子、碎纸屑若干，每人一个气球和小风车。

3. 有关风的课件。

活动过程

1. 提问引入课题

教师："这几天老师让小朋友们观察了树枝摇动、红旗飘动，还有水面起波纹，你们知道这些现象是什么引起的吗？"

2. 让幼儿感知空气流动形成风

（1）教师引导幼儿玩气球，让幼儿通过玩气球亲身感受空气流动形成风。

（2）幼儿自己动手做小实验：用手当扇子，扇动空气，使空气流动形成风。

教师小结：空气流动形成风，哪里有空气流动，哪里就有风。

3. 了解风的特性

（1）让幼儿用自己的手当扇子，在眼前扇动空气，并说出扇得快或慢时各有什么感觉。

教师小结：扇得快，空气流动快，风就大；扇得慢，空气流动慢，风就小。

（2）教师给幼儿扇扇子，请幼儿试一试能不能抓住风，瞪大眼睛看一看能不能看到风。

教师小结：一般情况下，风看不见，抓不着，只能感觉到。

4. 玩纸屑

（1）分给每个幼儿一小堆纸屑，让他们想办法使纸屑动起来，看谁想的办法多。

（2）结束后让幼儿自由讨论，说一说自己是用什么办法产生风使纸屑动起来的。

5. 了解风的好处与坏处

幼儿讨论，教师讲解。

（看课件）风为人们做了许多好事：风吹干了妈妈洗的衣服，夏天的风使人感到凉快，风车转动带动发电机发电……可是有的风却做了坏事：它们把房子推倒了，把树木刮断了，打翻了渔船……这样的风很可恨。

教师小结：现在的人们本领可大了，想出了许多办法不让风做坏事。人们建起了防风林，把风挡住，还提前预报风暴，减少风带给人们的危害。

6. 玩“风车转转转”游戏

幼儿人手一个风车，想办法让风车转起来。请几名幼儿到前面演示讲解后，带幼儿到户外玩风车。

活动评价

风是最常见的自然现象之一，本活动运用了材料帮助幼儿认识风，知道风是如何产生的及其利弊，最后通过游戏“风车转转转”加强幼儿对风的认识。

活动名称

奇妙的摩擦力（大班）

活动目标

1. 通过观察、比较、实验等活动感知摩擦力。

2. 能够大胆表述在观察和操作活动中的体会。

3. 尝试用摩擦力的原理分析和解决生活中一些简单的问题。

活动准备

玩具汽车、课件。

活动过程

1. 导入——引发幼儿探索

（1）教师提前用三种不同材质（很光滑、一般光滑、粗糙）创设道路，请幼儿分别在这三条道路上滑动汽车。

教师："看，小朋友们今天带来了很多玩具汽车，我们一起来和小汽车玩个游戏吧。"

（2）让幼儿仔细观察三种不同材质道路的区别，什么样的路小汽车走得比较远，什么样的路小汽车无法走远。请幼儿分析为什么会产生这样的现象。

教师小结：汽车在滑行过程中会与道路产生摩擦力，摩擦力的大小决定汽车滑动的距离，所以汽车在光滑的路面滑行的距离会比较长，在粗糙的路面滑行的距离会比较短。

2. 活动展开——观看电子课件

引导幼儿观察在什么情况下会利用到摩擦力。

（1）课件演示：雨鞋及鞋底。

引导幼儿比较雨鞋和自己所穿鞋子的鞋底纹路有何不同。

教师小结：纹路深的鞋子摩擦力大，不容易滑倒。

（2）课件演示：汽车轮胎。

引导幼儿观察汽车轮胎的花纹，说明轮胎上有花纹的原因。（增大摩擦力，起到防滑的作用）

（3）课件演示：汽车里的防滑垫。

引导幼儿观察汽车中控台防滑垫上放的小物品，汽车开动时，小物品不会滑下来。让幼儿说明原因。（防滑垫上有凸起的地方，物品放在上面受到摩擦力，所以不会掉下来）

3. 教师进一步提问，引导幼儿探究

（1）我们在光滑的地面上行走时，应该注意什么？怎样才能防止滑倒？

（2）衣服的拉链拉不动时，可以怎么办？

教师小结：小朋友们要将学到的科学知识运用到生活中，解决实际问题。

4. 结束部分

引导幼儿结合日常生活感受摩擦力与生活的关系。

教师："我们在生活中也经常会用到摩擦力，那么，什么时候需要增加摩擦力，什么时候需要减少摩擦力呢？"

活动评价

在本活动中，教师引导幼儿利用视觉、触觉进行一般性观察体验，通过实验活动认识和体验摩擦力的存在，通过部分摩擦力应用实例让幼儿了解摩擦力的作用，并进一步引导幼儿深入探究摩擦力的实际应用。

● 比较性观察活动

案例

活动名称

比较狐狸和狼（大班）

比较狐狸和狼

活动目标

1. 通过对狐狸和狼进行比较，能区分狐狸和狼不同的生活习性与外形特征，并了解它们的共性。

2. 丰富词汇：群居、野兽；复习词汇：狡猾、蓬松。

活动准备

狐狸和狼的图片各一张。

活动过程

1. 介绍狐狸

提出提问，引导幼儿思考。

（1）什么动物是狡猾的？（出示狐狸图片）

（2）为什么狐狸是狡猾的？（如狐狸会装死，会用尾巴把脚印扫掉，会排放臭气用于逃跑，会守在兔子洞口，会游水偷鸭子吃，狐狸知道猎人来捉它时还会把放出的臭气

清除掉等）

（3）狐狸住在哪里？吃什么东西？（如草原、树林，专吃兔、鸡、鼠等）

2. 讲故事：狐狸的一家

附：《狐狸的一家》

春天，狐狸妈妈生了五只小狐狸，全身都是灰黑色的，过了个把月，小狐狸肚子上的毛都变成了白颜色，背上的毛变成了红褐色。五只小狐狸很活泼可爱。过了些日子，小狐狸的胃口大了，狐狸妈妈的奶不够它们吃了。狐狸爸爸就出去找吃的。它每次都要叼五只小青蛙、五只小田鼠回来，因为它有五个小宝宝！

一天，太阳下山了，月亮高高地挂在天上，树林里静悄悄的，狐狸爸爸又去找吃的了。五只小狐狸和妈妈等呀，等呀，等了整整一天，才见狐狸爸爸嘴里叼着一只大野鸡回来了。狐狸妈妈非常高兴，连忙呜呜叫着迎上去，好像在说："孩子们都饿坏了。现在可有东西吃了。"

是啊，为了养活五个孩子，狐狸爸爸多辛苦呀！

狐狸爸爸把大野鸡撕碎了，分给狐狸妈妈和五只小狐狸，可是它自己只站在一边看着，尝也不尝一口。

又有一天，刮大风了，这种天气找吃的东西可难啦。狐狸爸爸和狐狸妈妈一起出去，在草丛里竖起耳朵听着，只听见风在呼呼地吹，没有别的声音，原来一刮大风许多小动物都躲到自己的窝里去了。

狐狸爸爸和狐狸妈妈等了好久，忽然，一只野兔从它们身边跑过，狐狸爸爸连忙追上去，捉住了它，带回家去。

小狐狸们饿极了，见了野兔，抢着来吃，只有一只最小的狐狸，站在那里一动也不动。一双闪亮的眼睛，一直盯着爸爸，它大概在想："爸爸，你教教我们吧，教我们怎样捉野兔，怎样抓田鼠，我们学会了，就能自己去找吃的了。"

狐狸爸爸看出了这只小狐狸的心事，摇摇头，好像在说："孩子，你们还小呢！长大了再学吧！"

秋天来了，风把草吹黄了，把树叶吹落了。狐狸爸爸找吃的可不容易了。有一天，它在森林里转来转去，忽然闻到有个树洞里有田鼠的气味。它埋伏着，等了一会儿，真的有一只大田鼠从洞里探出头来，狐狸爸爸跳过去捉住了它，高高兴兴地回家去了。狐狸妈妈站在洞口，拦住狐狸爸爸。狐狸爸爸懂得狐狸妈妈的意思，它把田鼠撕成五块，埋在五个地方，让小狐狸们去找，试试它们的鼻子管用不管用。

五只小狐狸用鼻子闻着闻着，忽然，最小的狐狸欢叫起来，它是在说："我找到了，我找到了！"原来，它老远就闻出田鼠肉埋在什么地方了。后来其他四只小狐狸也都找到了埋在地下的田鼠肉。它们的爸爸妈妈真乐坏了，瞧，孩子们会自己找吃的了！

冬天来了，找吃的东西更难了，因为许多小动物会冬眠，在窝里睡大觉，一直睡到第二年春天才起来，有的动物搬了家，到暖和的地方去了。

狐狸一家只得搬到别的地方去住。一天，天刚亮，它们就动身了。一路上，狐狸爸爸和妈妈闻出了小动物走过的地方有一种味道，就让小狐狸也用鼻子闻一闻，还教它们捕捉小动物的方法。它们捉到了小动物就分着吃，吃好了，就你咬咬我，我咬咬你，你骑在我的背上，我趴在你的背上，闹着玩儿，瞧它们这一家子，多亲热！

它们一路走着，狐狸爸爸突然发现猎人来了，它马上让小狐狸跟着妈妈躲到大岩石背后去。它自己呢，朝着另外一个方向跑去，一边跑，一边嗷嗷叫着，故意把猎人引开，等小狐狸和它们的妈妈躲起来了，它自己才飞快地逃走。

五只小狐狸慢慢地长大了，长得跟妈妈一样高，已经学会许多本领，会自己找吃的了，它们都有一双很好的眼睛，能看得很远，有一个很灵敏的鼻子，能分辨出各种气味，还学会了各种动物的叫声，能把那些动物引出来。

一天，狐狸爸爸和妈妈不知道上哪儿去了，五只小狐狸在家里等啊等啊，它们从天黑等到天亮，又从早晨等到夜晚，不知等了几个黑夜和白天，还不见爸爸和妈妈回来。后来它们才知道，自从它们学会捕捉小动物，学会找吃的以后，爸爸妈妈也就离开它们了，到很远很远的地方去，再也不回来了，它们就得自个儿过日子了。

3. 用比较的方法介绍狼

（1）出示狼的图片并提问：这是什么动物？

（2）比较狼和狐狸的不同点。

1）狐狸喜欢吃鸡、兔，狼喜欢吃什么？

2）牛、马的力气、身体都很大，狐狸打不过，狼为什么打得过？（狼的身体比狐狸大，狼是以狼群为单位出来捕食的）

3）狼和狐狸还有什么地方不一样？（如大小、尾巴等）

4. 总结狐狸和狼的不同点和相同点

不同点：狐狸狡猾，通常一只或两只生活在一起，吃兔、鸡等小动物，尾巴蓬松；大部分狼在冬天群居，吃鸡、兔、羊、牛、马等动物，尾巴像条绳子，向下垂。

相同点：狐狸和狼都是野兽，都生活在树林里，都吃动物的肉，都有尖锐的牙齿和爪子，一般都在夜间出来找食物吃。

5. 思考提问

想一想还有哪些动物吃其他动物的肉呢？

活动评价

本活动是一个典型的比较观察活动案例，教师先让幼儿了解狐狸，并以狐狸为参照物来认识狼，从外形特征、饮食习惯、捕猎方式等方面进行比较，使幼儿在对比中加深了对狐狸的认识，同时了解了狼的特征，学会了比较的方法。

● 长期性观察活动

活动名称

种子发芽（魔蛋）（大班）

活动目标

1. 了解种子发芽的基本条件：温度、水、空气，幼苗生长还需要阳光。

2. 为即将萌发的种子浇水，培养热爱劳动和耐心细致观察的好习惯。

种子发芽（魔蛋）

活动准备

1. 厨房里废弃的蛋壳（挑选较大的和较完整的）。

2. 制作魔蛋。找到庭院里比较干净的土，制作时，先把土充填到鸡蛋壳里，略略晾干，使蛋壳里的土结块，把原来属于一个鸡蛋的壳拼接起来，拼接前在鸡蛋中间夹入一粒豆类种子（大豆、蚕豆等易萌发的种子）。拼接面可用胶带纸或其他无毒黏结剂固定。为美观起见，蛋壳外涂上无毒的各色颜料，并使颜料干透。至此，魔蛋制作完成。

3. 每人一本观察记录本。

活动过程

1. 第一次观察：用鸡蛋壳种好的豆子——魔蛋

（1）每个幼儿一个（或分组，每组一个）魔蛋。请幼儿观察魔蛋的外形特征，交代种魔蛋的步骤及要求。

（2）在教师指导下，幼儿先小心地在魔蛋两端各开一个口（上口让幼苗长出来，下口在根系长出后利于根的呼吸），把蛋壳稍大的一头朝下，站立放在一个小碟子里。然后指导幼儿定期浇水（保持蛋壳里的土有充足的水分）。

（3）指导幼儿做观察记录，把自己的“魔蛋”的样子画在记录本上。

2. 第二次观察（三天后）：观察种子是否发芽

（1）指导幼儿观察自己的种子是否发芽，水分是否充足。

（2）讨论、猜想种子几天发芽。

（3）指导幼儿做观察记录，把观察到的情况画在记录本上。

3. 第三次观察（一周后）：观察种子发芽情况

（1）指导幼儿观察自己的种子的发芽情况，并与别人的比较，找出相同点和不同点。

（2）讨论：为什么有的种子发芽大，有的种子发芽小，而有的种子没发芽，种子发芽需要哪些条件。

（3）指导幼儿做观察记录，把观察到的情况画在记录本上。

4. 第四次观察（第十天）：观察豆苗的生长情况

（1）与第三次观察作比较，现在的豆苗有什么变化（长叶、茎卷须）。

（2）指导幼儿做观察记录，把观察到的情况画在记录本上。

5. 第五次观察（第十三天）：观察豆苗的变化

（1）指导幼儿观察豆苗的生长情况，并做观察记录。

（2）指导幼儿总结一直以来的观察情况，并结合自己的观察记录讲述种子的发芽和生长过程。

附：活动说明

1. 真叶长出后，植物生长需要阳光，所以要把幼苗放到阳光能照到的地方。

2. 教师定期对各幼儿分管的种子萌发、生长状况进行评价。

3. 此活动不宜在深秋和冬季进行（北方室内有暖气的除外）。

4. 有些城市已经有“魔蛋”类的商品出售，材料更精细，可根据情况购置。

活动评价

本活动是一个典型的长期系统性观察活动，五次观察都围绕着种子的生长进行，并且每次都让幼儿做观察记录，使最后的总结讲述有了凭据。五次观察时机选择得很好，按出土—长叶—茎卷须—成熟的次序，让幼儿看到了豆苗生长的几个重要时段，完成了教学目标，培养了幼儿热爱劳动和耐心细致观察的好习惯。

思考·练习

1. 什么是幼儿观察认识活动？它可以分为哪几种类型？
2. 简述设计幼儿观察认识活动的要点。
3. 设计一个幼儿园观察认识活动方案并详述组织过程。

第三章 幼儿实验操作活动

学习目标

- 理解并掌握幼儿实验操作活动的含义和类型
- 掌握各类实验操作活动的设计与指导策略
- 能够独立地设计并组织开展幼儿实验操作活动
- 认真学习案例，并能够进行教学实践模拟，做到触类旁通、举一反三

幼儿科学教育的真正目的并不是让幼儿获得严格意义上的科学知识，而是引导幼儿亲身经历和感受探究过程，激发幼儿的好奇心和探究欲望，体验探究方法，享受科学带来的乐趣，从而升华为热爱科学的情感。幼儿实验操作活动是实现这一目的最重要、最直接的途径。

第一节　幼儿实验操作活动概述

一、幼儿实验操作活动的含义

幼儿的实验操作活动一般按照年龄划分为 0 ~ 3 岁和 3 ~ 6 岁两段进行。

在0～3岁，实验操作活动普遍地存在于幼儿的生活当中。例如，小勺和筷子的使用、用笔来涂画、打开和盖上瓶盖、搭积木、操作塑料小刀切蛋糕、玩胶泥、玩水、玩沙、玩各种玩具等，都是这个年龄段幼儿的操作活动。指导该阶段幼儿动手操作，对于发展幼儿手的控制能力、眼手协调能力和智力，让幼儿建立起一些最基本的生活感受，使他们健康成长是十分重要的。

在3～6岁，实验操作活动主要是指幼儿在教师的指导下，利用材料、仪器或设备，通过自己动手演示或操作，认识周围常见的科学现象的活动。它强调的是幼儿自己动手操作，自主探索，在实验过程中充分调动幼儿学习科学的积极性和主动性。例如，在“物体的沉浮”“糖的溶解”等活动中，幼儿通过自己动手操作，了解神奇的物理现象。

由于实验操作是在教师创设的特定条件下进行的，因而弥补了自然条件下观察的局限性。例如，在“植物怎样喝水”活动中，幼儿通过观察花朵的变色，知道了植物是怎样吸收水分的。

实验的操作和演示过程简便易行，并且常常以游戏的形式进行，因此幼儿是在十分有趣的活动中生动活泼地进行科学探索的。

二、幼儿实验操作活动的类型

实验操作活动大致分为演示探究活动、引导探究活动、验证探究活动三种类型。

1. 演示探究活动

演示探究即教师演示操作实验的全过程，然后幼儿对应操作，通过自己的观察获得发现。这种活动使幼儿实验探究的目的性增强，但对幼儿的自主探究学习会有一定的限制。

2. 引导探究活动

引导探究即教师通过使用材料引导幼儿，让其先行自由探究，然后再组织幼儿交流，进而引导幼儿进行有目的的进一步探究。这种活动将幼儿的自主探究和教师的引导结合起来，具有较好的活动效果。

3. 验证探究活动

验证探究即针对某一问题，教师启发幼儿先猜想可能发生的情况，然后让幼儿进行实际探索活动，验证先前的猜想是否正确。这种活动方式适合于幼儿已有类似生活经验的情况，如果验证探究的问题幼儿不熟悉、难理解，这种活动就失去了意义。

三、幼儿实验操作活动的意义

儿童发展心理学指出，幼儿知识经验的建构必须通过他们自己的操作活动去完成，通过自身与环境、材料的相互作用主动建构他们的智力，并逐渐建立起更精确的智力结构，如果没有物质活动，就不能实现这种智力的转换。由此可见，实验操作对于幼儿知识经验的积累和智力的发展有着至关重要的作用。

幼儿实验操作活动最大限度地调动了幼儿学科学的主动性和积极性，极大地满足了幼儿的探究欲望，培养了幼儿对科学的兴趣。这种活动能让幼儿体验科学探究的本质，让幼儿在探究过程中发现问题、提出问题、解决问题；它还能帮助幼儿理解科学现象，亲历探索科学的全过程，获取初步的感性认识；同时，这种活动能使幼儿的动手操作能力、观察能力、分析探究能力和思维能力得到综合训练和提高。

第二节　幼儿实验操作活动设计与指导

活动名称

物体的沉浮（中班）

活动目标

1. 知道哪些物体能浮在水面，哪些物体会沉到水底。
2. 对沉浮现象产生兴趣。
3. 能用连贯的语言描述自己在实验中的操作和发现。

活动准备

装满水的大水缸一个、水盆两个、胶水、抹布、塑料玩具、泡沫板、汤勺、贝壳、纽扣、集体记录纸两张、记录笔、每个幼儿一张个人记录纸。

物体的沉浮

活动过程

1. 用故事引出问题

教师："一天，小鸭子和小蚂蚁去游泳，小鸭子游得可好了，可是小蚂蚁不会游泳，怎么办呢？小鸭子想了一个好办法，它拿来了一些可以浮在水上的东西借给小蚂蚁，小蚂蚁就可以坐在这些东西上到河里游泳了。小朋友们，你们知道小鸭子借了哪些东西给小蚂蚁吗？"

2. 提出新问题，幼儿设想，老师做集体记录

教师："小鸭子拿给小蚂蚁的东西是这些，你们看（让幼儿认识物品名称，丰富对泡沫板的认识），小蚂蚁不知道这些东西到底哪个能浮起来，小朋友们，我们帮小蚂蚁想一想，它们之中哪个东西能浮在水面上呢？"（幼儿提出各种不同的答案）

教师："这样吧，咱们一样一样想，老师帮你们来记录。这是塑料玩具，觉得塑料玩具能浮起来的小朋友就到老师左手这边来（教师举手示意），觉得它不能浮起来的小朋友就到老师右手这边来（教师举手示意）。"（幼儿选择后）"我们数一数，老师左手边有多少人，老师右手边呢。"

其他材料的选择同上。点数时及时发现幼儿手口不一的情况并引导他们正确地点数。

3. 幼儿分组实验，验证自己的设想并做记录（引导幼儿在实验过程中边操作边向同伴讲述）

教师："小朋友们，你们每个人说的都不一样，小蚂蚁都糊涂了，那咱们现在来试一试，到底这些东西哪个能浮在水面上，好不好？试了以后，咱们再把实验的结果记下

来（拿出记录表），如果它浮在水上我们就把它的图片贴在大水缸的上面，如果沉下去了，我们就把它的图片贴在大水缸的下面，好吗？”

幼儿实验，老师引导幼儿边操作边讲述自己的活动。

幼儿用粘贴图片的方法做记录。

4. 幼儿交流讨论，并上台讲述自己的实验

教师：“刚才小朋友们把每样东西都试了试，你们发现了什么呢？大声说出来，让大家都听一听，好吗？”（幼儿讲述自己的发现）

教师：“现在，我们知道了什么东西可以浮在水面上。”（集体观察大水缸）

教师：“那我们再帮小蚂蚁想一想，还有什么东西能浮起来，然后借给它，好不好？现在咱们就去找一找。”

5. 活动延伸

让幼儿自己寻找，然后试一试，看看他们找的哪些东西能浮起来，满足幼儿玩水的愿望。

活动评价

本活动以故事的形式导入活动内容，用猜想的方式引起幼儿探索的兴趣，进而鼓励幼儿自己动手操作、发现问题，并与同伴和教师交流讨论，在练习动手操作的同时，发展了幼儿的语言表达能力。活动的延伸更是保持了幼儿对物体沉浮的认识兴趣，激发了幼儿探索科学的愿望。

一、幼儿实验操作活动的目标设计

活动目标是整个教学活动的“纲”，对教学活动具有指导性作用，指导着每一个环节并贯穿于活动始终。实验操作活动作为科学教育具体形式的一种，在目标的制定上，首先要符合科学教育活动的总体目标，然后根据实验操作活动的具体内容和特点制定具体目标。实验操作活动具体目标的制定要求有以下四个方面。

1. 目标的制定要具体、有针对性，体现出本次活动的特点。

2. 目标的制定要体现层次性，根据教学对象的实际发展水平、特点和个体差异进行设计，满足不同幼儿发展的需要。

3. 目标的制定要凸显实验操作活动的特点，重视幼儿亲历自主的探索过程，学习探索方法，培养幼儿热爱科学的情感，并不强调科学知识的获得。

4. 目标的制定要体现综合性，从情感、态度、过程、方法、能力、知识、经验等方

面综合考虑。

二、幼儿实验操作活动的过程设计

幼儿实验操作活动是一个开放的、动态的过程，这就意味着教师在设计环节中，不可能把幼儿实验过程中可能发生的各种情况、产生的各种问题都囊括其中，只能是尽可能地进行周密的预设性设计。实验操作活动的设计一般由三部分组成：活动的引发和导入、活动的展开、活动的结束和延伸。

下面以中班“物体的沉浮”这一活动为例，逐一分析实验操作活动的过程设计。

1. 活动的引发和导入

活动的引发和导入要让幼儿明确实验的目的和要求，激发幼儿强烈的实验兴趣。

活动的导入是活动开始的引子，将本次活动的内容亲切地、自然地、有趣地引发出来，使幼儿较迅速地将注意力集中到活动上来。良好的导入环节可以激发幼儿浓厚的活动兴趣和强烈的求知欲望。一般来说，可以通过以下方法导入幼儿实验操作活动。

（1）通过摆放在幼儿面前的操作材料导入。

（2）通过教师的演示实验导入。

（3）通过创设问题情境导入。

（4）通过幼儿生活中某一常见的科学现象导入。

（5）通过谜语、儿歌、故事、影像资料等导入。

在做“物体的沉浮”实验时，教师以小蚂蚁和小鸭子的故事引出活动的主题，然后提出相关的问题，引起幼儿的注意，引发幼儿实验操作的兴趣，幼儿们跃跃欲试，非常想知道哪些东西会沉到水底，哪些东西会浮在水面。而且，通过幼儿感兴趣的小故事，帮助小鸭子和小蚂蚁想办法在河里一起游泳，培养了幼儿互相帮助的好品质，活跃了幼儿的探究思维。所以，教师在运用故事导入活动时，要注意将所讲的故事与活动内容紧密联系，成为活动过程的有机组成部分，并且要注意所选、所编的故事应具有教育性、科学性和趣味性。

2. 活动的展开

活动展开的设计是活动过程设计的主要部分，也是最重要的部分，整个活动大部分内容都集中在这一环节，占去总时间的大部分。这一部分的设计要求教师把握活动过程中各个环节的逻辑关系，明确知识点，清楚重点、难点，从科学性和幼儿的特点出发引导幼儿在操作过程中先做什么，后做什么，遵循事物发展变化的科学规律，层层递进。教师应多采用小组活动的组织形式，有时也可以采用集体、小组和个人相结合的形式组织活动，应最大限度地让每个幼儿都动起来，积极参与实验操作。在此过程中，教师可以通过启发性问题，引导幼儿去观察、思考，使幼儿将已有的生活经验与眼前的实验联系起来，激发幼儿探究活动的热情，引发幼儿探究欲望，开阔眼界。

在“物体的沉浮”实验中，教师通过小蚂蚁和小鸭子故事的导入，在幼儿对实验有了一定的兴趣之后，提出问题“哪些物体会浮起来?”，并让幼儿根据教师的要求，自己动手进行实验，得出结论。在活动中，幼儿先自己动手实验，教师巡回指导，实验后，教师再让幼儿交流讨论实验结果，并进行讲述，这样既让幼儿验证了自己的发现，练习了动手能力，开拓了思维，分享了实验结果，又锻炼了幼儿的语言表达能力。

3. 活动的结束和延伸

活动结束是整个活动过程的最后环节，教师通过这一环节使本次活动圆满结束，同时使得幼儿在活动中所经历的过程、掌握的方法、了解的知识经验在活动后得以延伸。它对实现整个教学目标有着重要作用。活动的结束没有固定的形式和规定，应根据教学内容与过程的具体情况进行设计，可以是教师对实验的过程、结果做小结，使幼儿获得清晰而完整的认识，也可以让幼儿对活动进行自我小结和评价。

在“物体的沉浮”实验中，教师先对幼儿的实验做小结，让幼儿明确哪些物体能浮起来，加深幼儿对实验结果的印象。然后，教师以让幼儿到生活中去寻找可以浮在水面的其他物体作为活动的延伸，这样就保持了幼儿做实验的兴趣，满足了幼儿继续探究的愿望。同时，使幼儿在实践中不断去验证实验结果，激发他们对实验的热情。

需要注意的是，在这一环节中，教师切忌用成人的眼光去评价幼儿，过高地要求实验操作过程的完整性和严密性、知识的科学性和准确性，从而影响活动的实际效果。

三、幼儿实验操作活动的实验内容

实验操作的方法是一种综合性的方法，它是幼儿科学学习中所运用的主要方法之一，但并不是所有内容都可以运用实验操作的方法，以下几个方面的内容常以实验操作的方法进行，如下图所示。

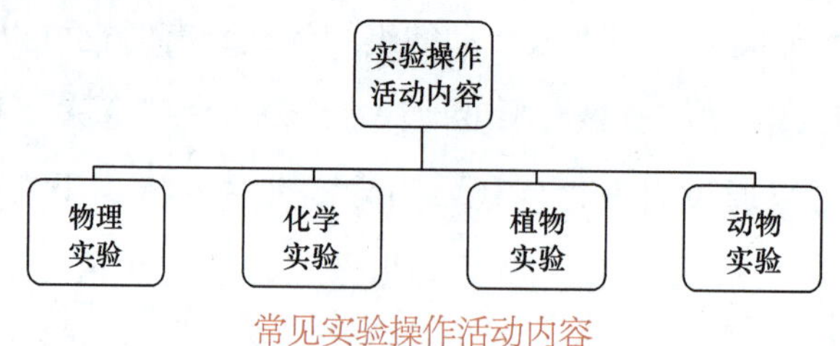

常见实验操作活动内容

1. 物理实验

物理实验包括光、声、电、磁、热、力和运动等内容。

2. 化学实验

在幼儿科学教育中，有关化学实验的内容并不多，只有一些对幼儿来说十分安全的活动，如“让鱼骨变软”（鱼骨经过醋的浸泡，里面所含的矿物质被分解后溶于水中，鱼骨就会变软）、“人造雪”等。

3. 植物实验

植物实验主要是了解一些植物如何生长等方面的实验，通过控制水、土壤、温度、阳光等条件，观察植物的生长情况，从而了解植物生长与生长条件之间的关系。

4. 动物实验

动物实验主要是了解一些小动物生活习性等方面的实验，如蚂蚁喜欢吃什么、蚯蚓的触觉等。

四、幼儿实验操作活动的注意事项

1. 教师演示注意事项

（1）要做预备性实验

在进行活动之前，教师要做预备性实验，即提前做几遍实验，以便妥善安排实验过程中每个环节的时间，检验实验仪器和材料的情况，避免活动时发生意外而影响实验效果。

（2）实验进行过程中要保证每个幼儿看清演示过程

教师要注意幼儿座位的摆放、仪器的大小和安放位置等问题，根据幼儿的年龄特点，逐步出示仪器或材料，不要一次性全部出示，以免分散幼儿的注意力。

（3）演示与讲解、提问要紧密配合

教师在演示时需做到：操作速度慢而规范，动作熟练，实验效果明显；讲解要简明，提问要及时并富有启发性，启发幼儿在观察的基础上思考问题、理解知识，使幼儿始终处于积极的探索和求知状态之中。

2. 指导幼儿注意事项

（1）为幼儿提供必要的用具和材料

幼儿实验操作活动的用具和材料一般应比较简单，并要方便幼儿使用，尽量使用玩具和日用品；数量要充足，保证幼儿每人一份或每组一份，让所有幼儿都能参与到活动中来。

（2）指导幼儿使用材料和工具并学习操作技能

教师应根据实验内容的难度和个人情况，给予幼儿不同程度的指导，如轻拿轻放物品、掌握手的力量和平衡、熟练使用各种盛器等。另外，应在实验过程中，引导幼儿通过观察，注意实验材料、方法、操作过程中的变化，使幼儿不仅能了解实验结果，而且能学习实验的方法。

（3）给予幼儿充分的实验时间

实验操作活动比其他活动需要更多的时间。幼儿在实验中需要操作、理解和学习，充分的时间能保证幼儿反复进行实验活动，并在操作过程中探究、发现、提出问题和自己找出答案。所以，实验操作活动不能机械地限定时间，而应让幼儿用自己的方式进行操作，以达到活动的效果。

（4）保证幼儿安全，引导幼儿自主探索

在幼儿实验操作活动中，教师引入、演示的时间不可过长，应让幼儿有更多的时间自主探索。在保证幼儿安全的前提下，不应对幼儿做过多限制，如要求幼儿必须使用什么材料、按照什么程序操作等，应让幼儿按照自己的想法去做，尝试自己解决问题。同时，应允许幼儿有不同的实验结果，鼓励幼儿多角度思考问题。

知识卡

实验操作活动中材料的选择

丰富的材料是幼儿进行实验操作活动的基本保障。幼儿对世界的认识是感性的、具体而形象的，其思维常常需要动作的帮助，对物质世界的认识在很大程度上需要借助于对物体的直接操作。操作材料物化着教育目标和内容。因此，在幼儿实验操作过程中应为幼儿提供丰富的、有意义的、可操作的材料。

一、材料应就地选取，数量充足

选择幼儿常见的、经常能接触到的材料，提倡就地取材，讲究经济实用，多利用自然物、废旧物，以及幼儿玩具和常见生活用品，使幼儿体会到科学就在身边。材料提供要充分，保障有充足的材料可供每个幼儿探索使用。

二、材料应具备教育功能

材料应具备教育功能，应包含教育活动的目标与内容，使幼儿在与材料的相互作用中揭示教育内容所要反映的事物与事物之间的关系，并生成幼儿的学习需求。只有材料适应幼儿的发展水平，才能引起幼儿探究的兴趣，才能激发幼儿探索的热情。材料过于简单，幼儿容易失去操作兴趣；材料过难，幼儿不知所措，难以下手操作，也将影响探索兴致。

三、材料应具备结构性

材料的结构性是一个或一组材料所具有的能反映所探究问题的现象特征。材料被使用时，应能揭示自然现象间的某种关系以及不同材料间的关系，应蕴含着丰富的可探索性和可利用性。准备的材料结构和对材料的认识越丰富，越有利于幼儿探索、发现、创造和获得有关的各种经验。同时，还要考虑同一种材料既服务于预期目标，又可为幼儿提供多层次选择机会，并能引发幼儿的创造性使用。

四、材料应具备安全性

在幼儿实验材料的选择上要特别考虑材料对于幼儿的安全性，避免幼儿在使用操作过程中对身体造成伤害。例如，不能选用锋利、尖锐、易碎的玻璃器皿以及高温、有毒和超过人体安全电压的电器等。

第三节　幼儿实验操作活动设计与指导参考案例

一、小班实验操作活动设计与指导

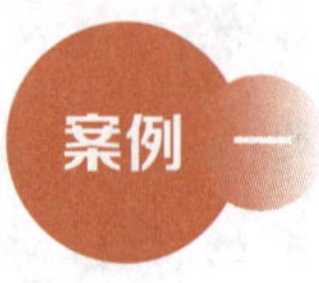

活动名称

糖怎么不见了（小班）

活动目标

1. 尝试运用多种感官初步感知，对糖的溶解现象有好奇心，产生浓厚的观察兴趣。

2. 用搅拌的方法了解溶解的现象，知道有的物体放在水中会溶解，有的不会。

3. 激发幼儿参与实验活动的愿望，对科学实验产生兴趣。

糖怎么不见了

活动准备

杯子、勺子、温水、米、奶粉、果汁粉、沙子、盐、糖。

活动过程

1. 游戏引入主题

（1）玩“做客”游戏。

教师：“今天老师带来了一些饮料，请小朋友们尝一尝，你们尝过之后再轻轻地告诉你的好朋友，你尝到的饮料是什么味道的。”

（2）引导幼儿说一说水的味道。

教师：“谁来告诉大家你喝到的饮料是什么味道的？（甜的）为什么？（因为里面有糖）那你有没有在饮料里面看到糖呢？糖到哪里去了？”

2. 教师示范小实验

实验一：观察糖的溶解现象。

教师示范操作方法：先用勺子舀一勺糖放入水中，然后说：“看到糖在哪里了吗？现在老师用勺子来搅拌一下，小朋友们看到糖去哪了吗？”（躲到水里去了）

实验二：观察盐的溶解现象（请三至四名幼儿同时操作）。

教师：“老师这里还有盐，你们谁要来试一试？”（幼儿操作）

教师小结：通过刚才的实验我们知道了糖和盐都能在水里溶解。

3. 幼儿实验

（1）认识材料。

教师：“现在先请你们看一看你们的桌子上有哪些东西。”

（2）幼儿动手实验。

教师提出操作要求：“老师为你们每个人都准备了一个杯子、一个勺子、米、沙子、奶粉还有果汁粉，操作时可以自己选其中一样东西放到你的杯子里，看看你放的这些东西会不会像糖一样藏在水里看不见，溶解了。”“老师这里还有一张调查表，我想请你们把实验的结果记录下来，你们做好以后，在可以溶解的东西下面画钩，在不可以溶解的东西下面画叉。”

提醒幼儿在实验中注意观察将果汁粉、米、沙子、奶粉放到水中各有什么变化。

教师结束活动：“小朋友们真能干，都发现了什么东西能在水里溶解，什么东西不能溶解呢！”

4. 活动延伸

教师：“在我们日常生活中还有好多东西是可以溶解的，也有好多东西是不可以溶解的，小朋友们回家后可以跟爸爸妈妈一起观察、发现，然后再来告诉其他小朋友，好不好？”

活动评价

本活动以游戏的形式引入，结合幼儿多种感官的感知，极大地激发了幼儿的兴趣。教师示范与幼儿动手实验相结合，层层深入，扩展和深化了幼儿对溶解这一概念的理解。活动延伸部分有助于幼儿保持探索的乐趣及求知的愿望。

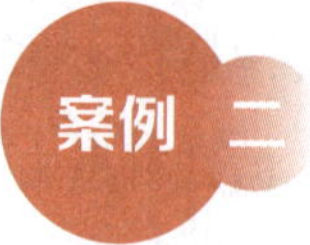

活动名称

颜色变变变（小班）

颜色变变变

活动目标

1. 巩固对红、黄、蓝三原色的认识。

2. 在探究活动中，感知两种颜色混合后会变出新颜色。

3. 体验颜色变化带来的乐趣。

活动准备

1. 经验准备：幼儿有玩色和使用滴管的经验，认识红、黄、蓝三色。

2. 物质准备：绘本故事《小黄和小蓝》，透明塑料杯每人三个，红、黄、蓝三色颜料四至五组，滴管若干，装好颜料的矿泉水瓶三个。

活动过程

1. 导入

以变魔术的方式出示红、黄、蓝三色，激发幼儿对颜色的兴趣。

教师："今天老师要变个魔术，把几种颜色宝宝请到我们班（此时需晃动事先准备好的矿泉水瓶），一会儿你们要大声地叫出它们的名字哦！"

2. 展开

（1）朗读绘本故事，激发幼儿活动的兴趣。

教师读故事，幼儿倾听（读到小黄和小蓝抱在一起时，停下来问一问幼儿）。

（2）幼儿感知、发现。

教师："小黄和小蓝抱在一起变成什么啦？大家可以用你们桌前的颜色试一试。"

（3）幼儿操作体验。

教师小结：黄色、蓝色抱一抱，变成绿色像草地；红色、黄色手拉手，变成橙色像橘子；红色、蓝色在一起，变成紫色真美丽。

3. 结束

（1）教师："小朋友们今天都化身为魔术师，变出了不一样的颜色，纸黏土也可以变色哦，大家可以在科学区角或是回家后试一试！"

（2）收拾整理材料。

4. 活动延伸

将材料投放到科学区角，供幼儿进行实验、观察。

活动评价

本活动以游戏方式导入，引发幼儿参与兴趣，通过绘本故事进行经验准备，之后结合动手操作与观察的体验，强化幼儿对颜色变化的认识，最后教师以科学儿歌的形式对本次活动进行总结，便于幼儿对活动内容的掌握。

二、中班实验操作活动设计与指导

活动名称

有趣的声音（中班）

活动目标

1. 激发幼儿探索声音的兴趣。

2. 通过探索感知不同的容器、不同的材料会发出不同的声音。

活动准备

回形针、黄豆、沙子、硬币、串珠、海棉球每组一盘，各种容器每人一个，儿歌《哈巴狗》。

活动过程

1. 导入

教师："新年就要到了，我们要表演节目，想请小朋友们来制作乐器。"

2. 展开

（1）介绍材料，提出要求。

教师："大家看我都准备了什么。"（快速展示一遍）

教师："怎样才能让这些东西发出声音呢？"（幼儿回答，教师示范）

附：要求

1）每次只能放一种东西。

2）操作时注意安全。

3）让幼儿仔细听听放不同的东西后，声音是否一样。

（2）请幼儿自由操作，教师巡回指导。

教师："请选择一个你最喜欢的盒子，试试什么东西放进去声音最好听。""你放了什么东西？""你们两个的声音一样吗？为什么？"

（3）探索比较不同的声音。

1）用同样的两个纸盒分别装黄豆和沙子，比较其声音。

教师小结：同样的盒子，装的东西不一样，发出的声音不一样。

2）用塑料瓶和纸盒同时装黄豆，比较其声音。

教师小结：不同的盒子，装同样的东西，发出的声音不一样。

3）用大小不一样的纸盒装同样多的回形针，比较其声音。

教师小结：同类的盒子，大小不一样，装同样的东西，声音不一样。

4）用同样的纸盒，分别装一勺沙子或装满沙子，比较其声音。

教师小结：同样的盒子，装同样的东西，装得多少不同，声音也不同。

5）同样的容器和材料，用力摇和轻轻摇，声音也不同。力气不大也不小的时候，声音最好听。（请两个幼儿上来摇，大家比较不同）

（4）请幼儿用自制乐器为儿歌《哈巴狗》伴奏。

教师："请选择 种你认为最好听的材料，并把它放进容器，准备好乐器。"

附：要求

1）按节奏伴奏。

2）幼儿互换乐器伴奏。

3. 结束

教师："小朋友们通过自己的努力制作出了能发出美妙声音的'乐器'，今天就到这里，我们下次创造出更好听的声音，好吗？"

活动评价

在本活动中，通过动手操作让幼儿真实体验不同的声音，同时，不同情况下的尝试、体验与总结，也有助于培养幼儿的思维判断能力。活动中还加入了音乐元素，使幼儿体验优美的声音带给人们的快乐，激发并强化了幼儿的活动积极性。

活动名称

植物怎样喝水（中班）

植物怎样喝水

活动目标

1. 学习实验、观察的技巧。

2. 培养幼儿关心植物的情感。

活动准备

剪刀、红色和蓝色墨水、杯子、橡皮筋、水、芹菜、白色花朵（玫瑰或康乃馨）。

活动过程

做小实验，请幼儿仔细观察植物是怎么喝水的。

1. 芹菜实验

教师示范，将芹菜的茎剪短一些，叶子摘掉一些，把橡皮筋套在杯子上，再装入一些水，并滴进适量红墨水。将芹菜插入杯子里，并调整橡皮筋到水面位置做记号。过一段时间，让幼儿看看水面和橡皮筋的位置是否一样（水面低于橡皮筋），芹菜的茎有什么变化（变红）。

2. 两色花实验

教师示范，将花朵的茎剪开，两个杯子各装进一些水，分别滴入红色、蓝色墨水，将剪开茎的花朵分别插入不同的杯子里；经过一天以后，看看花朵有什么变化（植物的茎将两种颜色的墨水往上吸，白花变成红花或蓝花）。可以问幼儿，如果植物没水会怎样呢？请幼儿自由发表意见。

3. 活动延伸

教师讲解为植物浇水的方法。

（1）土壤十分干燥，就说明需要浇水，而且要将水浇在土上。看到有水从花盆底下漏出来时，应停止浇水。

（2）早上或傍晚是最好的浇水时间。

（3）每隔十天左右帮植物“洗洗澡”，这样可以冲掉叶子上的灰尘和虫子。

（4）提醒幼儿回家帮植物浇水。

活动评价

在本活动中，幼儿通过观察、参与实验的过程，了解植物是怎么喝水的，注意到植物需要水，又在活动延伸部分学会了如何给植物浇水。本活动激发了幼儿热爱植物的情感。

活动名称

有趣的纸桥（中班）

活动目标

1. 在操作过程中积极动脑，发展求新求异思维。

2. 了解纸的形状、结构与纸的承重力密切相关。

活动准备

动物磁贴、材料图片、小纸杯两个、彩纸四张、小积木块若干、记录表、记录笔。

活动过程

1. 讲故事引入活动

（1）教师：“有一天，科科、幼幼想去好朋友家玩，可是刚一出门就被一条小河挡住了去路，他们想做一座结实的桥过河，可是不知道什么样的桥结实。这时，小羊、小狗、小猫三个好朋友正好路过并愿意帮助它们，于是科科、幼幼拿出了做桥的材料让几个好朋友看。”（出示一张纸和两个小纸杯）

（2）教师：“小朋友们，你们也动脑筋想一想，小羊、小狗、小猫会怎样用这些材料做小桥呢。”（幼儿猜想并表达自己想法）

2. 试一试、做一做

（1）小羊的做法。

教师："看，小羊将纸直接搭在两个纸杯上做成一座桥。小羊做的桥面结实吗？请小朋友们搭一座和小羊一样的小桥，拿积木块放在小桥中间，看看你的桥面上最多能放几块积木，把结果记录在你们手中的记录表上。"（幼儿操作并记录）

（2）小狗的做法。

教师："看，小狗将纸的两条宽边折立起来，然后搭在两个纸杯上做成一座桥。请小朋友们用同样的方法来实验，看看最多能放几块积木，把结果记录在你们手中的记录表上。"（幼儿操作并记录）

（3）小猫的做法。

教师："看，小猫将纸正反折了几次后打开，然后搭在两个纸杯上做成一座桥。请小朋友们用同样的方法来实验，看看最多能放几块积木，把结果记录在你们手中的记录表上。"（幼儿操作并记录）

3. 说一说

教师："谁设计的小桥最结实？为什么？你的实验结果和其他小朋友一样吗？"

4. 活动延伸

教师："小朋友们可以尝试用其他折法做成桥面进行实验，看看最多能放几块积木，把结果记录在你们手中的记录表上。"（幼儿操作并记录）

活动评价

本活动以故事导入，利用猜想引起幼儿实验的兴趣。幼儿按照教师描述的纸桥折法进行放积木块实验，通过实验发现不同折法的纸桥承重是不同的。记录结果可以使幼儿通过结果了解纸的形状、结构与纸的承重力密切相关；说一说环节的设置，锻炼了幼儿的表达能力。

三、大班实验操作活动设计与指导

活动名称

除水垢（大班）

活动目标

1. 初步了解水垢的危害及简单的除垢知识。

2. 培养幼儿对化学小实验的操作兴趣，学习正确的操作方法。

3. 培养幼儿细致的观察能力及正确表达实验现象的能力。

活动准备

白醋、水垢清除剂、玻璃杯、药匙、有水垢的保温瓶和新保温瓶各一个、用醋和除垢剂分别除去一半水垢的保温瓶各一个。

活动过程

1. 引导幼儿观察水垢，知道水垢对人们的危害

（1）幼儿观察保温瓶内的水垢，认识水垢。

教师手持有水垢的保温瓶和新保温瓶，请幼儿轮流观察两个保温瓶内的情况，说一说两个保温瓶的不同，使幼儿知道保温瓶内附着的物体就是水垢。

（2）请幼儿想一想、说一说，还在哪里或什么容器中见过水垢。

（3）教师小结，讲述水垢的危害。

教师："这些附着在水壶和保温瓶内壁的东西叫水垢，它是由水中的杂质和矿物质在被加热以后形成的。水壶、锅炉烧水多了或者保温瓶、饮水机使用时间长了，内部都会结水垢。水壶里有了水垢，水就不容易烧开，浪费燃料；水垢的碎块如果被我们喝进身体里，会损害我们的健康，甚至导致我们生病；工厂里的大锅炉如果不及时去除水垢，还会有爆炸的危险。"

2. 幼儿操作实验，观察除垢的过程

（1）幼儿观察玻璃杯中的液体（无色、透明），闻一闻气味（知道杯中的液体是白醋）。

教师教幼儿闻液体的方法：一只手扶住杯子，另一只手在杯口轻轻扇动，再用鼻子去闻。

（2）幼儿观察盘中的水垢（黄色的粉末或结块）。

（3）让幼儿用药匙把水垢放入白醋，观察发生的变化。

（4）幼儿讲述自己观察到的情况。

教师小结：把白醋和水垢放在一起，水垢会产生气泡，渐渐变小。

3. 观察用醋、除垢剂分别除去一半水垢的保温瓶，知道除了用醋，还可以用专门的除垢剂除垢，而且除垢剂的除垢效果更好。

4. 请幼儿说一说，还知道哪些除水垢的方法，哪一种除水垢的方法最省力、最好用。

活动评价

水垢是幼儿生活中常见但不易为幼儿所了解的物质。本活动通过观察、比较、实验等方法，让幼儿了解水垢和水垢对人体的危害，以及简单的除垢方法，培养了幼儿细致的观察能力及对化学小实验的操作兴趣。

案例二

活动名称

蚂蚁吃什么（大班）

蚂蚁吃什么

活动目标

1. 通过科学实验认识蚂蚁觅食的特性。
2. 仔细观察实验并记录实验的结果。

活动准备

1. 准备饲养的蚂蚁（分成四组）。
2. 饼干屑、碎菜叶、白糖、肉末、有颜色的甜味饮料。
3. 记录纸、记录笔。

活动过程

1. 给蚂蚁喂食

（1）实验观察。

将饼干屑、碎菜叶、白糖、肉末分别放入四组蚂蚁的饲养箱内。

教师："小朋友们，你们觉得蚂蚁会吃什么？把你们认为的答案记录在记录纸上。"

根据幼儿的想法将幼儿分成四个小组，观察相应的蚂蚁饲养箱。

教师："小朋友们要仔细观察，看看蚂蚁会把这些东西搬来品尝吗？把你们看到的结果记录在记录纸上。"

（2）交流讨论。

请每组幼儿分别介绍实验中观察到的现象。

教师："你们观察的这组蚂蚁吃了所放的食物吗？和你们原来的想法一样吗？"（幼儿回答）

教师小结：蚂蚁是杂食性动物，不管是饼干、糖果还是蔬菜、肉类，它们都爱吃。

2. 蚂蚁排队

（1）实验观察。

在蚂蚁饲养箱内铺上白纸，在纸上用有颜色的甜味饮料画出简单的图形。

教师："小朋友们，猜猜这些小蚂蚁会怎样，把结果记录在记录纸上。"

请幼儿耐心等待，仔细观察纸上蚂蚁的变化。

教师："这些小蚂蚁发生了什么变化，把结果记录下来。"

（2）交流讨论。

教师："刚才我们用甜味饮料在纸上画了简单的图形，看看过一会儿，纸上的小蚂蚁们怎样做。"（按所画形状排队）

教师："和你原来的想法一样吗？你知道为什么会这样吗？"

教师小结：蚂蚁喜欢吃甜甜的东西，所以白纸上的甜味饮料吸引小蚂蚁们绕着饮料排起了队。

活动评价

蚂蚁是幼儿生活中比较常见的一种昆虫。在活动中，幼儿通过一段时间的蚂蚁饲养，对蚂蚁的生活习性有了基本的了解，也有了接触大自然的机会，然后通过实践操作，发现问题并在教师的引导下找到了问题的答案。在本活动中，教师的语言提示很重要，需要很好地体现问题探索的逻辑推进性。

思考·练习

1. 谈谈你对实验操作活动的理解。
2. 自行设计一份实验操作活动方案，活动内容为物理实验。
3. 结合所学知识，设计一个完整的实验操作活动，并在课堂上进行实践模拟。

第四章
幼儿科学制作活动

学习目标

- 了解幼儿科学制作活动的含义和类型
- 明确幼儿科学制作活动的教育目标
- 能够独立设计并组织开展幼儿科学制作活动
- 认真学习案例，并能够进行教学实践模拟，具备组织与指导幼儿科学制作活动的基本能力与素质

幼儿科学制作活动是幼儿科学教育的内容之一，在幼儿园的科学教育中占据着重要的地位。幼儿在直接观察、亲自操作的科学探究过程中体验学习科学的乐趣，这种“做科学”的活动不仅给了幼儿探索的机会，更培养了幼儿各方面的能力。

第一节　幼儿科学制作活动概述

科学制作活动的主要目的是培养幼儿的动手操作能力，使其掌握一定的制作方法、理解简单的科学原理等。熟悉的、有趣的、贴近生活的科学制作活动能调动幼儿的积极性，从而将幼儿的日常感知上升为知识和能力。

一、幼儿科学制作活动的含义

幼儿科学制作活动是指以真实的科学为基础，通过实验性的步骤让幼儿逐渐获得对科学技术的基础认识，了解技术的转化和中介作用，从而为幼儿提供理解和掌握现代化世界的窗口的教育活动。科学制作活动以幼儿的最大参与为目的，让他们充分感受和操作简单的科技产品，学习使用工具、设计并开展小制作，把自己投入到对科技的探究之中，学习在操作使用中发现问题，尝试在设计实践中解决问题，从而学会对所看见的和所做的事情进行思考。

知识卡

幼儿科学制作活动所需材料

幼儿科学制作活动需要两个方面的材料。

一方面是制作所需的特殊材料，幼儿可用其来开展制作活动，获得各方面的经验。

1. 各种玩具制作（科学玩具）材料，如风车、小电话、科幻图画等。
2. 标本制作材料，如树叶标本、鲜花标本、昆虫标本等。
3. 陈列品制作材料，如萝卜小猪、黄瓜鳄鱼、螺蛳壳小鸡等。

另一方面是一些基本的工具，属于必备的通用材料，可以用于各种制作活动。

1. 安全护目镜、绘画用的工作裙、放大器械。
2. 双盘天平、勺子、滴管、镊子、碗、瓶子、桶、杯子。
3. 用来分类和存储的容器、用来分类和混合物品的容器。
4. 用来测量长度和质量的非标准化的工具。
5. 清洁工具（如水桶、海绵、垃圾盘、扫帚）、大新闻纸（用于画图表）。

二、幼儿科学制作活动的类型

幼儿科学制作活动一般可分为四种类型：感受—操作型活动、运用—操作型活动、学习—制作型活动、设计—制作型活动。

1. 感受—操作型活动

感受—操作型活动是让幼儿充分接触和感受运用科技产品的一类科学制作活动。例如，认识并正确操作各类玩具、家用电器等，满足他们渴望了解“技术”的愿望，培养幼儿关注科技的兴趣。此类活动通常先由教师讲解产品的用途并演示其操作使用步骤，幼儿在观察的基础上自己动手尝试，最后经共同讨论按正确方式完成操作。

2. 运用—操作型活动

运用—操作型活动是让幼儿学习使用工具的一类科学制作活动，如正确使用小剪刀、订书机、测量工具、生活工具等。通过活动让幼儿了解工具的用处，掌握工具的使用方法。此类活动通常由教师或家长启发、引导幼儿操作使用，幼儿不断总结经验，最终掌握正确的使用方法。

3. 学习—制作型活动

学习—制作型活动是让幼儿按固定步骤学习制作某种物品的一类科学制作活动，如制作降落伞、潜望镜、万花筒等。幼儿运用工具和材料开展小制作是一种对技术非常直接的体验。此类活动通常由教师演示操作过程，幼儿动手实践，师幼共同交流，最后完成作品。

4. 设计—制作型活动

设计—制作型活动是让幼儿独自进行简单科技创作的一类科学制作活动，如设计并制作石膏玩具、不倒翁等。此类活动是在小制作的基础上，在教师的指导下，幼儿通过自主设计独立完成作品的创作和制作过程。

可见，无论从身体和心理，还是智力、道德和美育等方面，科学制作活动对幼儿的整体发展都具有重要的意义。因此，教师应根据实际情况，开展大量有意义的科学制作活动，从而让幼儿通过实际操作获取知识，通过实践解决问题。在活动过程中，教师要注意操作并不仅是动手去做，还是一种研究，要引导幼儿动脑筋、想办法去创造，体现科学制作活动的本质。

三、幼儿科学制作活动的目标

科学制作活动对于幼儿来说充满着阻碍，教师需要付出更多的努力，尽量让他们充满兴趣地参加这类活动，从中寻找和获得应该怎么做的答案，最终通过幼儿亲自动手操作得出结论，帮助幼儿形成正确的科学态度和世界观。其具体教育目标包括对幼儿以下几个方面能力的培养：充分感受和正确操作科技产品的能力，掌握简单工具使用方法的能力，在教师的指导下按规定步骤操作的能力，自行设计并动手开展科学小制作的能力。

第二节　幼儿科学制作活动的设计与指导

活动名称

有趣的声音（小班）

活动目标

1. 知道声音的来源。

2. 通过亲身探索的过程感知声音的丰富性，从而培养科学兴趣和探索能力。

活动准备

各种会响的玩具。

活动过程

1. 寻找声音，激发幼儿兴趣

请幼儿在班上找一找自己身边都有哪些声音。

（1）请幼儿闭上眼睛听声音，分辨不同声音的来源。

（2）引导幼儿讨论用什么办法可以发出好听的声音。

（3）请幼儿自由发言，谈谈自己是如何找到声音的。

教师小结：用脚踩地板可以发出声音，用手敲打桌子可以发出声音，用手拍墙壁也可以发出声音。

2. 摆弄玩具，引发探索兴趣

（1）请幼儿自由选择玩具，自由玩玩具。

（2）请幼儿介绍自己玩的玩具，并告诉大家怎样使它们发出声音。

（3）引导能力强的幼儿谈谈自己是怎样用不同的方法使不同的玩具发出声音的。

教师小结：两种或两种以上的物体相互碰撞会发出声音，有些玩具接通电源后也能发出声音。

3. 实践操作：制作小乐器

（1）请幼儿自由选择操作桌面上的辅助材料，并想办法使它们发出声音。

（2）请幼儿说一说用了什么办法，最喜欢什么样的声音，为什么同样的材料发出的声音却不同。

（3）请幼儿用自己制造的乐器有节奏地为歌曲伴奏。

4. 活动延伸

请家长在日常生活中支持和协助幼儿继续收集与活动相关的材料，引导幼儿继续操作与探索，进一步培养幼儿的科学兴趣和探索能力。

活动评价

好动是幼儿的天性，操作有声响的玩具，更是小班幼儿感兴趣的事情。本活动以做一做、玩一玩的形式，让幼儿在活动中与材料、环境充分互动，在探索的过程中感知丰富的声音，从而培养幼儿的科学兴趣和探索能力。

幼儿科学制作活动不是向幼儿进行抽象的说教，而是要通过幼儿熟悉的内容，让幼儿在具体生动的经验中体会自然、科学、技术和社会的关系，培养正确的科学价值观。此类教育活动的组织与指导应面向全体幼儿，尽量让幼儿主动创作，并努力使其成为幼儿乐意参与的活动。

幼儿科学制作活动的组织过程非常关键，下面以活动“有趣的声音”为例，介绍幼儿科学制作活动的设计与指导。

一、设置能够引起幼儿兴趣和探究欲望的导入

活动导入的方法很多，教师可灵活选择，其目的是激发幼儿的兴趣，使他们集中注意力，积极思考，主动参与。科学制作活动中较为常见的导入方法有通过幼儿直接操作材料导入、教师演示操作过程导入、利用简短指令导入、设置相关问题导入等。

在“有趣的声音”活动中，教师首先让幼儿在班上寻找声音，激发幼儿的兴趣，然后让幼儿讨论什么可以发出声音，并交流自己是如何发现声音的，这样使幼儿的注意力始终保持在活动上，引起幼儿探究的欲望。

二、鼓励幼儿按自己的想法进行实践操作，教师做好启发诱导

这一环节，教师要给幼儿足够的时间，提出启发性问题，让幼儿带着疑问，按自己的想法选择材料进行操作，验证自己的想法。教师不必在幼儿动手操作之前就把答案告

诉他们，也不要在幼儿的操作过程中左右他们的思想，暗示结果，而是要“放手”让幼儿大胆地动手做，并从活动中观察他们的探索情况，鼓励幼儿勇于表达自己的发现、表达自己的实践过程。同时，教师还应尽量帮助幼儿总结发现，鼓励幼儿在前次探索、发现的基础上进一步寻求答案和获取新的发现。

在“有趣的声音”活动中，幼儿需要在各个方向上都做一些探索，需要熟悉他们要用的材料。教师先让幼儿任意摆弄玩具，激发探索欲望，然后让幼儿利用教师所提供的材料亲自动手制作小乐器，让幼儿体验操作的快乐和成功的喜悦。幼儿做事往往急于求成，希望能立即找到答案。如何让幼儿学会从失败中吸取教训，并不是件容易的事情，教师必须耐心指导，并努力引导幼儿懂得做事要坚持，这样才能找到结论的道理。

三、交流与讨论，分享成功的喜悦

幼儿要获取知识和技能，就要在活动过程中不断地与其他幼儿交流。教师应当为幼儿创造和谐的讨论与支持氛围，并进行适当指导，让每个幼儿都能表达自己的实践过程，从而构建自己的知识体系。

在“有趣的声音”活动中，在制作小乐器的基础上，教师让幼儿说一说都是用什么办法让其发音的，再进行为歌曲伴奏的活动，使每个幼儿都沉浸在成功的喜悦中，同时也学会了一些关于声音的科学常识。

四、活动结束与延伸

在幼儿表达、交流信息的基础上，教师可以和幼儿一起小结本次活动的知识点，对幼儿学习过程及表现做出评议，还可以进行延伸活动。

“有趣的声音”活动的延伸活动是让家长协助幼儿继续收集与活动相关的材料，引导幼儿继续操作与探索，进一步培养幼儿的科学兴趣和探索能力。

知识卡

幼儿科学制作活动的组织和指导策略

1. 帮助幼儿积累相关知识和生活经验。

2. 活动内容的设计、安排应体现系统性、连贯性，避免盲目。

3. 合理定位角色，既要给幼儿充分的活动、思考、研讨空间，又要重视教师的引导作用。

4. 教师的语言讲解要科学、正确、形象，且易于理解。

5. 教学形式丰富多样，开展丰富多彩的相关活动。

6. 获取家长的支持。

7. 遵循幼儿年龄特点，开展有序的教学活动。

第三节　幼儿科学制作活动设计与指导参考案例

一、小班科学制作活动设计与指导

活动名称

好玩的陀螺（小班）

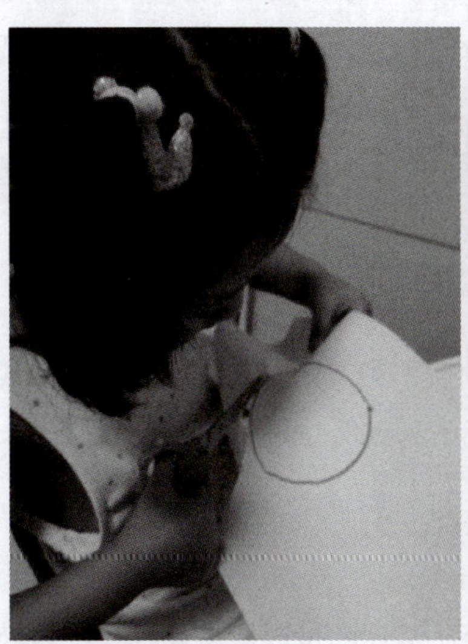

好玩的陀螺

活动目标

1. 认识陀螺的结构，知道陀螺是怎么转起来的。

2. 能尝试说出自己的发现，在了解陀螺结构的基础上自己制作陀螺。

3. 喜欢参加实验探索，并用自己的语言表达想法。

活动准备

各种陀螺若干个和事先制作的纸陀螺一个，各种纸片，彩笔、剪刀、光盘、瓶盖、雪花片、小木棒、火柴棍等。

活动过程

1. 使用陀螺导入活动，激发幼儿探究兴趣

教师：“这是什么玩具?”（出示陀螺）“陀螺是什么样的?”

幼儿用自己的语言介绍陀螺。（木头的、塑料的、纸的，圆形的……）

2. 活动展开

（1）幼儿分组玩转陀螺，教师引导幼儿注意观察陀螺的结构以及转动起来的样子。

（2）引导幼儿讨论：陀螺是用一张纸片和一根小木棒制成的，陀螺转起来是一圈一圈的。

（3）幼儿动手制作陀螺。（教师向幼儿介绍材料，幼儿操作，教师引导）

（4）幼儿展示作品，玩自己制作的陀螺。（幼儿玩，教师细心观察）

教师：“我们一起来看看你们做的陀螺与老师带来的陀螺有什么不同?”（对于转不起来的陀螺，教师与幼儿共同寻找原因并修改，如制作陀螺的纸片太薄，纸片一边薄一边厚，圆孔不在纸中心，小木棒转轴太长，圆孔太大……）

3. 结束环节

教师引导幼儿欣赏作品。

4. 活动延伸

教师：“今天，小朋友们都懂得了怎样制作陀螺。下面请小朋友们再用其他材料制作陀螺，想一想怎样才能让自己的陀螺转得快、转得久。等大家都准备好了，我们来举办一场转陀螺比赛。”

活动评价

本活动选取了幼儿感兴趣的陀螺作为主题，活动的过程简单易操作。在教师的引导下，幼儿通过动手制作与实验操作探索，不断增加对陀螺的认识，并根据作品实验调整

自己的制作过程，最终完成作品。本次活动提高了幼儿的活动兴趣，发展了幼儿对科学制作的主动探究能力和动手能力。

活动名称

神奇的泡泡（小班）

活动目标

1. 尝试使用各种洗涤用品制作能吹出泡泡的水，激发对溶解现象的好奇心。

2. 通过操作活动探索出不同的洗涤用品混合后能吹出更大的泡泡。

3. 感受参加吹泡泡活动的快乐，体验成功的愉悦。

活动准备

洗衣粉、洗手液、洗发水、沐浴露等常见洗涤用品（一组一种），每个幼儿一杯清水和一个搅拌棒，几种吹泡泡的工具。

活动过程

1. 提问引起幼儿兴趣。

（1）教师："小朋友们有没有吹过泡泡？"

（2）引导幼儿讨论：在清水中加些什么可以吹出泡泡。

（3）幼儿认识洗涤用品。

2. 制作泡泡水，引导幼儿观察各种洗涤用品在水里溶解的现象。通过操作活动探索出不同的洗涤用品混合后能吹出更大的泡泡。

（1）第一次操作（引导幼儿观察各种洗涤用品在水里溶解的现象）。

1）请幼儿把自己选择的洗涤用品加入装有清水的杯子里搅拌，引导幼儿观察洗涤用品在水里溶解的现象。

教师："小朋友们选一种自己喜欢的添加品，把它倒入水中，搅拌一下，仔细观察添加品发生了什么变化，水又发生了什么变化。"

2）幼儿交流操作过程。

3）教师示范，解释溶解现象。

教师小结：洗涤用品加入水搅拌后就在水里溶化了，这种有趣的现象叫作溶解。

4）吹泡泡、玩一玩。（你们做的泡泡水能吹出泡泡吗？）

适时进行安全教育。

教师小结：洗洁精更容易吹出泡泡，泡泡水浓度适当时更容易吹出泡泡。

（2）第二次操作（通过操作活动，探索出不同的洗涤用品混合后能吹出更大的泡泡）。

教师："把刚才老师介绍的方法用一用。"（幼儿操作）"也可以加入两种或者更多种的洗涤用品混合后再吹泡泡，小朋友们发现了什么秘密？"（幼儿交流经验）

教师小结：不同的洗涤用品混合后能吹出更多、更大的泡泡。

3. 结束部分。

播放音乐，幼儿随教师走出活动室。

活动评价

本活动设计贴近实际生活，教师鼓励幼儿进行操作，激发幼儿积极思考，让他们在操作过程中学习知识与技能。本活动增设吹泡泡环节，使幼儿体验了更多的快乐，进而巩固了所学知识与技能。

活动名称

制作果汁（小班）

活动目标

1. 掌握用果珍粉做果汁的方法。

2. 能仔细观察果珍粉在水中的变化，并大胆说出自己的发现。

3. 能体验自制果汁的快乐。

活动准备

1. 温开水，每人一把小勺、一份果珍粉。

2. 玩具小熊一只，创设环境"小熊的家"。

活动过程

1. 激发幼儿做果汁的兴趣

（1）出示小熊，以小熊请客的形式激发幼儿活动的兴趣。

教师："今天小熊邀请我们班的小朋友们去它家做客，你们愿意吗？"（愿意）"那我们开着小汽车出发吧！"（听音乐，幼儿开玩具汽车去小熊家）

（2）来到小熊家，向小熊问好。

（3）教师："今天小熊为我们准备了一份好吃的东西，我们来看看是什么。（出示一杯果汁饮料）这是什么饮料？小熊只准备了一杯饮料，但有这么多小朋友，怎么办呢？"（幼儿想办法）

教师："那我们每人都来做一杯果汁吧！怎么做呢？需要用到什么呢？"（杯子、勺子、果珍粉、温水）

2. 引导幼儿做果汁

（1）引导幼儿观察材料，提出操作规则。

教师："先看看你们面前的杯子里有什么？它是什么颜色的？再尝一尝有没有味道？"（无色、无味）"最后看一看小碗里有什么？它是什么颜色的？是什么样子的？"（黄色的果珍粉）

教师："有了这么多的东西，你会怎么做呢？"（幼儿回答后，教师提出操作要求，幼儿自己制作果汁）

教师："现在请小朋友们自己来做果汁，你们是怎么做的？果珍粉放到水里后就怎样了？"（引导幼儿观察、讲述）

（2）操作小结：鼓励幼儿大胆说出自己的发现。（果珍粉倒入水中后就溶化了，杯中的水变成黄色）

3. 品尝果汁，体验自制果汁的快乐

（1）请幼儿闻一闻、尝一尝、说一说。

（2）你们喝的是什么？是谁做的？

（3）以小熊的身份提醒幼儿果汁里面含有糖分，不能多喝。

（4）引导幼儿开着小汽车"回家"。

4. 活动延伸

（1）带领幼儿做其他果汁，让幼儿体验自己制作果汁的乐趣。

（2）询问幼儿还知道什么东西能溶解在水里，一起动手试一试。

活动评价

本活动以去小熊家做客的形式引起幼儿的兴趣，更易于被幼儿接受，在轻松的活动氛围中，激发了幼儿制作果汁的愿望。幼儿通过自己观察材料、讨论制作果汁的方法，然后自己制作并观察其变化，体现了其在活动中的主体地位。幼儿通过品尝自己亲手制作的果汁，还能体验到成功的喜悦。

二、中班科学制作活动设计与指导

活动名称

有趣的降落伞（中班）

活动目标

1. 探索制作降落伞中坠物的连接方法。

2. 形成良好有序的操作习惯。

3. 能积极主动参与探索。

活动准备

1. 方形布（大、小两种）、布带、橡皮泥、曲别针、剪刀、笔、泥工板等，用曲别针连接好的降落伞上半部。

2. 幼儿有等分线段与图形的经验，有用曲别针连接部件的经验。

活动过程

1. 回忆已有经验，引发幼儿制作降落伞的兴趣

教师："我们学过连接布和绳的最方便办法是用什么？"（曲别针）"分绳子是用什么方法？"（等分）"今天我们来一起制作降落伞，小朋友们看看还缺什么呢？"（坠物）

2. 想一想：讨论连接方法

教师："小朋友们已经欣赏了多种多样的降落伞，知道制作降落伞的坠物可以使用很多东西。这次我们只用橡皮泥这一种材料来试一试，请你们想一想怎么把四根布带和橡皮泥连接起来呢。"

教师："我们学过好多玩橡皮泥的方法，你们每人的桌上都有一团橡皮泥，请大家一会儿去试一试要用多少橡皮泥才能找到合适的连接方法，再看一看谁的降落伞做得结实，降落得漂亮。"

3. 做一做：探索连接方法

教师："桌子上除了橡皮泥，还有制作降落伞的其他材料，大家想一想要怎么用。"（幼儿操作，教师巡回指导）

（1）有幼儿成功时，请该名幼儿说一说。

（2）引导幼儿使用辅助材料。

（3）对制作有困难的幼儿进行细致指导，或引导幼儿向同伴学习。

（4）随机指导。

4. 玩一玩：体验成功感

让幼儿有充分的时间玩降落伞，教师引导幼儿通过观察了解自己与其他幼儿所采用的连接方法是否结实。

5. 说一说：共同讨论连接方法，提升经验

教师："现在请大降落伞回"大家"，小降落伞回"小家"，小朋友们回座位。"（幼儿把大降落伞分别放在前面桌上，为讲评活动做好准备）

教师："谁来说一说你是怎么连接布带和橡皮泥的。"（引导幼儿在说方法的过程中共同分享经验）

教师："小朋友们真棒，想出了这么多好的办法来连接。"（教师小结连接方法，帮助幼儿概括经验）"以后我们再比一比哪种方法最结实、最省时间。"

6. 活动延伸

教师："小朋友们再看一看这些降落伞，你们发现了什么？"（坠物橡皮泥的大小不一样）"这与降落伞有什么关系呢？请大家课后想一想，我们下次再来探索。"

活动评价

本活动目标符合中班幼儿认知水平，内容选择贴近幼儿生活经验，活动过程组织有序，各环节层层递进，教师引导幼儿一步一步探索，操作安排较为合理，重难点具体明确，操作性强，充分调动了幼儿探索操作的积极性，激发了幼儿学习的兴趣。

活动名称

转动的风车（中班）

活动目标

1. 初步探索并感知风的大小与风车转动的关系。

2. 尝试运用各种材料制作小风车。

3. 使幼儿进一步产生探索科技与制作的兴趣。

活动准备

1. 课件：风车制作步骤图。

2. 小风车若干、卡纸、筷子、塑料图钉等。

活动过程

1. 出示风车，引起幼儿的兴趣

教师："今天小朋友们都带来了风车，现在我们来玩一玩，看一看怎样使小风车转动起来呢。"（幼儿玩风车，感受风车的转动）"小朋友们玩的时候要注意安全，注意不要碰到其他小朋友。"

2. 讨论讲述

教师："小朋友们，你们刚才是怎样玩风车的？你们发现了什么秘密？请先和旁边的好朋友讲一讲。"

教师："谁来和大家说一说你是怎样玩风车的，你还有什么方法可以让风车转起来呢。"

3. 扩展谈话

话题：小风车转得一样快吗？为什么？

教师："请小朋友们拿着小风车和好朋友去玩一玩，看一看它什么时候转得快，什么时候转得慢。"

教师："谁来说一说小风车什么时候转得快，什么时候转得慢。"

4. 制作风车

（1）教师："现在我们也来制作小风车，好吗？"

（2）演示风车制作步骤图课件。

附：要求

制作时要注意动脑筋，找好中心点再去做，注意中心点的部分不能剪掉。

（3）幼儿制作风车。

教师："风车制作好了，我们一起到院子里去玩一玩，比一比谁的转得快，好吗？"

活动评价

活动中，教师提前制作好实物，展示给幼儿，同时让幼儿体验玩风车的乐趣，从而引出对风车相关知识的探究。教师通过课件展示风车的制作步骤，并一步一步地做，幼儿一步一步地学。风车制作完成后，幼儿在院子里玩风车，丰富了他们对课程的体验。

三、大班科学制作活动设计与指导

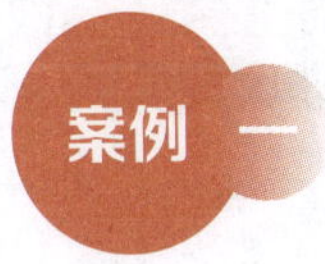

活动名称

不倒翁（大班）

活动目标

1. 激发幼儿探索的兴趣。

2. 了解“不倒翁”的原理。

3. 培养幼儿动手操作及发现问题、独立解决问题的能力。

活动准备

1. 布置场景“玩具城”：用乒乓球、蛋壳、废旧皮球制作各种玩具，摆放在活动室的四周（其中一部分会倒，另一部分不会倒）。

2. 纸团、玻璃球、豆粒、沙子、塑料球、橡皮泥、儿歌《不倒翁》。

活动过程

以到“神秘的玩具城”去玩的形式引题，激发幼儿探索的兴趣。由扮演“蓝猫”的教师说：“小朋友们，你们好！我是蓝猫，欢迎你们到神秘的玩具城来，这里的玩具藏着许多科学秘密，等着你们去边玩边发现，看谁发现得最多。”

1. 自由探索

（1）教师交代任务。

教师：“小朋友们玩时可要仔细看一看、比一比、摇一摇，看看能发现什么。”（发现倒和不倒）

（2）幼儿自由玩。

（3）教师：“你们是怎么玩的，发现了什么？这些玩具有哪些相同点和不同点？”

引导幼儿摸一摸玩具底部，让他们发现底部都是半球体，有的玩具会倒，有的不会倒。

2. 尝试制作不倒的玩具

（1）教师播放儿歌《不倒翁》，进一步引导幼儿去发现“不倒翁”的秘密（不倒翁里装有东西）。

（2）幼儿操作，在会倒下的玩具内部也装进东西。

1）教师提示。

教师：“老师为大家准备了纸团、塑料球、玻璃球、沙子、豆粒、橡皮泥等东西，你们可以自由地把每一种东西分别装进玩具里试一试，看玩具能不能站起来。”

2）组织幼儿讨论。

教师：“你们在玩具里装进了什么，发现了什么现象？”

教师：“为什么放进纸团的玩具倒了，而放进沙子等东西的玩具能站住？”

3. 演示对比实验

引导幼儿边观察边分析原因。

教师小结：摇动装有玻璃球的玩具时，玩具里重的东西也随着滚到旁边。旁边重，玩具就倒向重的一边。把橡皮泥固定在底部中间，它不会滚来滚去，玩具的重心就稳了，“不倒翁”就做成了。

4. 玩一玩，体验乐趣和成就感

教师：“没有制作完的小朋友继续制作“不倒翁”玩具，已经完成的小朋友拿着玩具到玩具城里去玩一玩吧！”

教师小结：小朋友们真聪明，发现了“不倒翁”玩具中的科学秘密，还自己动手做了一个“不倒翁”。现在，我们把玩具拿给中班、小班的小朋友们玩一玩，好不好？

5. 活动延伸

（1）在区角活动中，可在科学角投放各种材料让幼儿继续尝试制作。

（2）在户外活动时，可与幼儿一起玩“摇摆不倒翁”“金鸡独立”等感受力的平衡的体育游戏。

活动评价

在本活动中，幼儿怀着强烈的探索兴趣，始终在操作着、思考着、比较着、交流着自己的制作经验，并从实验中发现了“不倒翁”的秘密及制作“不倒翁”的方法，而且通过自己的制作体验到了成功的喜悦。

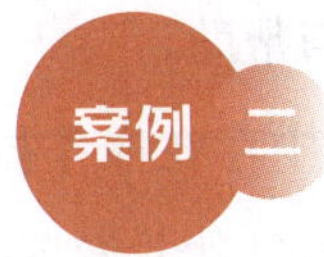

案例二

活动名称

制作喷泉（大班）

活动目标

1. 乐于参与探究活动，敢于表达自己的想法。

2. 通过操作感知空气的存在。

3. 在活动中体验成功的快乐。

活动准备

塑料瓶、吸管、装有水的脸盆、小水杯、记录表格、记号笔、报纸、抹布、表演绸带若干，《可乐喷泉实验》视频。

活动过程

1. 导入活动：欣赏喷泉

幼儿欣赏《可乐喷泉实验》视频。

教师："小朋友们看到了什么？这喷泉是用什么材料制作的？"

教师："喷泉真好玩，我们也来做喷泉吧！"

2. 指导幼儿制作喷泉

（1）教师向幼儿介绍实验材料。

（2）教师示范制作喷泉。

1）在密封的塑料瓶上扎两个洞，灌上水，插上两根吸管。

2）用力向其中一根吸管吹气，水就会从另一根吸管里喷出来。

（3）介绍喷泉实验原理。

教师："看！当我向一根吸管吹气，吹入的空气会变成气泡，对水施加压力，水就会从另一根吸管中被推挤上来，形成喷泉。只要不断吹气，水就会不断喷出来。"

（4）幼儿制作喷泉，教师随堂指导。

（5）幼儿玩喷泉时，教师应提醒幼儿不要弄湿衣服。

3. 引导幼儿讨论：怎样让喷泉喷得更高

（1）教师："小朋友们，请你试试让喷泉喷得更高。"

（2）鼓励幼儿大胆猜想，并能用自己的方式记录下来。教师注意观察幼儿，了解幼儿的问题和发现，并给予适时的支持与帮助。

（3）预想与对策：幼儿玩的过程中存在操作技巧上的问题，如喷泉的水柱总是喷到脸上、手上，有时瓶子容易倒……帮助幼儿发现操作技巧上的问题，寻找解决问题的方法。

（4）讨论结果，鼓励幼儿大胆与同伴交流，关注每个幼儿的发现和感受，使他们获得相关经验。

教师小结：孔打得越细，喷泉喷得越高；越用力吹，喷泉喷得越高。

4. 游戏表演

（1）幼儿分组竞赛，比一比谁的喷泉喷得更高。

（2）表扬遵守游戏规则的幼儿。

（3）幼儿进行音乐喷泉表演。

教师："小朋友们，让我们一起来做喷泉，跟随音乐一起表演吧！"

活动评价

本活动贴近生活，材料便于搜集，先运用视频激发幼儿的兴趣，再由教师指导进行制作。幼儿通过操作进行科学探究，能够更加深入地理解科学原理。本活动利用游戏方式进行作品竞赛与表演，提高了幼儿参与的兴趣与成就感。

思考 · 练习

1. 举例说明幼儿科学制作活动的类型，并结合幼儿各个年龄段目标和教学实际效果对不同类型的活动进行详细的分析和比较。

2. 根据自己的理解和学习心得，试对本章第三节的参考案例做出详细的分析记录，并进行模拟试教。

3. 自行设计小班、中班、大班幼儿科学制作教育活动方案各一，并写出详细的教案。

第五章 幼儿讨论探究活动

学习目标

- 了解讨论探究活动的含义和分类
- 掌握讨论探究活动过程的设计方法
- 掌握讨论探究活动的指导方法
- 在学习参考案例的基础上，能设计教学案例

讨论探究学习对幼儿而言是主动的学习过程，是从自己所处的环境中主动地观察和尝试探索、发现问题和解决问题的过程。在这一过程中，幼儿依靠直接经验进行探索，获得主动性、创造性和实践能力的发展，愿意并知道如何获取知识、认识事物和解决问题。幼儿的具体形象思维占主导，探究学习能帮助幼儿有效形成直接经验。幼儿在活动中带着问题和已有经验自主操作材料，亲身感受与直接体验，发现并自己得出结论，形成对事物的感性认识，这种学习方式对幼儿科学教育实践有着重要的意义。

第一节　幼儿讨论探究活动概述

《幼儿园教育指导纲要（试行）》明确指出："幼儿的科学教育是科学启蒙教育，重在激发幼儿的认识兴趣和探究欲望。""要尽量创造条件让幼儿实际参加探究活动，使他们感受科学探究的过程和方法，体验发现的乐趣。"

一、讨论探究活动的含义

讨论探究活动是指幼儿自己探究与收集信息资料，整理这些信息资料，并通过集体交流讨论等方法获取科学知识的一种科学教育活动。虽然它不是一种直接的探究活动，但它仍然是幼儿在研究探索的过程中积极主动获取知识、应用知识、解决问题的普遍的学习活动。

二、讨论探究活动的类型

按照幼儿知识经验准备途径的不同，可以把讨论探究活动分为两大类型：直接经验型和间接经验型。直接经验型讨论探究活动的特点是通过实验操作和观察参观两种途径获得知识和经验。间接经验型讨论探究活动的特点是通过幼儿自己收集资料、教师设疑提问、幼儿集中讨论和科学文艺交流等方式获得知识和经验。

二、讨论探究活动的意义

1. 能充分满足幼儿旺盛的求知欲

在探究活动中，幼儿互相交流他们通过各种渠道获得的信息；在探究活动后，幼儿都有自己的感受、体验和发现，并在此基础上进行进一步的交流和讨论。在交流讨论的过程中，幼儿不断梳理头脑中的信息，使自己已有的知识加深、巩固与扩展。

2. 能培养幼儿获取信息的能力

幼儿讨论探究活动是在收集资料的基础上进行的，这可以培养幼儿的信息收集能力。

3. 能培养幼儿的语言表达能力

幼儿讨论探究活动一般采用集体讨论的形式进行，使幼儿能用自己的语言有条理地解释现象，表达自己的探究过程。在对探索过程与结果的表达和交流中，幼儿逐渐懂得学习语言的意义，并逐渐掌握语言表达能力。

4. 能发展幼儿的思维

集体的交流使幼儿零碎、模糊、易混淆的经验更加全面、细致、深入，而讨论则给幼儿一个厘清自己思路、理解别人思维方式的机会，使幼儿学会更有逻辑、更严密地思考，这也是科学教育活动的目标之一。

讨论探究活动作为一种集体研讨性的学习活动，要求幼儿具备一定的思维能力和语言能力，交流讨论才具备一定的意义，所以该类型活动更多地运用于中班、大班幼儿的活动中。

第二节　幼儿讨论探究活动设计与指导

活动名称

有趣的惯性（大班）

有趣的惯性

活动目标

1. 激发幼儿探究生活中科学现象的欲望，满足其好奇心，使其萌发在活动中认真思考、克服困难、团结合作的精神，能够感受成功的快乐。

2. 能用较连贯的语言表达自己的发现和感受，动用各种感官寻找答案，提高发现、分析和解决问题的能力。

3. 关注周围事物，感知惯性现象。

活动准备

1. 场地和器械：户外操场，能让人感受惯性现象的体育器械若干。

2. 幼儿操作材料：瓶盖、小木棍、扑克牌、小木块、免洗纸盘、卫生纸卷芯。

3. 玩具车、溜溜球若干。

活动过程

1. 感受惯性

全体幼儿实地坐车感受汽车启动、刹车带来的身体状态变化，下车后集体谈感受：开车时我的身体状态有什么变化，刹车时我的身体状态有什么变化，以及原因。（初步了解什么是惯性）

2. 发现惯性

幼儿自由分组、选择材料制作陀螺和旋转的纸盘、玩溜溜球、摆多米诺骨牌、翻扑克牌、操作玩具车等。鼓励幼儿大胆地用较连贯的语言与同伴讲述自己的发现与想法：我发现的惯性在哪里。带着问题重新选择材料，发现、体验惯性。

3. 谈论惯性

教师鼓励幼儿大胆展示或讲述自己的成果；教师小结惯性的原理，解答幼儿发现的疑难问题，鼓励幼儿讲述自己日常生活中发现的惯性现象。

4. 寻找惯性

教师和幼儿共同寻找操场周围运用惯性原理的体育器械。在保证安全的前提下，让幼儿自由玩耍，体验惯性带来的快乐。

活动评价

幼儿在做与玩中体验到一种日常生活中常见的科学现象——惯性。幼儿通过本活动还会发现生活中一些其他有趣的科学现象，在他们自己或者通过成人的帮助来实践操作、查阅资料解释这些现象的过程中，更好地树立了科学观念，为学习科学打下了良好的基础。

一、讨论探究活动的设计

讨论探究活动不同于操作性的科学探究活动，同时也区别于单纯的语言讲述类活动，它是一种建立在幼儿的直接或间接经验基础上的科学交流学习活动。讨论探究活动一般可以通过以下几种形式来设计。

1. 实验操作（交流讨论式）

例如，“有趣的惯性”活动是在幼儿自己动手操作的基础上开展的讨论探究活动。

这类活动通常是幼儿自己动手实验操作，教师引导幼儿交流操作过程，讨论自己的发现，相互分享操作结果。

2. 观察参观（汇报交流式）

在幼儿观察或教师带幼儿外出参观考察时，让幼儿用绘画等形式将调查的第一手资料记录下来，然后让幼儿将其作为直接经验用于交流讨论，互相分享。

3. 收集资料（共同分享式）

在一些活动中，幼儿只能通过收集资料的方式积累知识经验，教师可事先提供一些图书、图片、音像、多媒体资料，或提供一些收集资料的途径和方法。教师还可以建议幼儿在家长的指导下通过网络和图书查找有关资料，然后在集体活动中与大家分享。

4. 设疑提问（相互讨论式）

先让幼儿对各自感兴趣的问题进行个别探讨，并在此基础上进行集中讨论。例如，对各种各样的鸟，幼儿先提出："会飞的都是鸟吗?"对于这一问题，教师先引导幼儿进行讨论，提出各自的看法及理由，然后通过集中探究使不同观点"碰撞"。活动的目的不在于让幼儿获得一个正确的结论，而在于让他们经历不同观点之间相互交流的过程，开拓他们的思维。

5. 科学文艺（交流讨论式）

科学活动中有些内容，如讲故事、唱儿歌（歌曲）、猜谜语、念童谣与诗歌、创编故事等文艺活动，为引导幼儿学习科学提供了大量的机会。幼儿的探究常常源于议论一个故事或一首童谣所产生的问题。

二、讨论探究活动的指导

1. 创设情境，恰当提问

创设适当的问题情境，确定恰当的话题，鼓励幼儿带着问题去探究，直到得出满意的答案。这些问题最好来自幼儿，而不是成人。例如，幼儿会问，"苹果熟了为什么会落下来?""鱼儿在水里睡觉吗?"如果教师不讨论来自幼儿的问题，不顾幼儿已有的经验和需要，自己虚构问题，这样的活动组织起来既费力，又毫无意义。

2. 支持引导获得资料

幼儿的知识储备越多，各种直接、间接经验越多，交流就越激烈，讨论就越深入。因此，资料收集在讨论探究活动中具有重要的作用。幼儿收集的资料主要有两类：一是幼儿通过自己观察、参观、实验和操作获得的直接认知的信息，称为第一手资料；二是幼儿自己或在成人的帮助下（避免家长包办代替）通过查阅有关图书或通过网络等渠道获得的信息，称为第二手资料。

幼儿收集来的资料可以用其熟悉的方式表达，如绘画、泥塑、折纸、照片、录音等，可以适当运用一些简单的表格。大班幼儿收集的资料可出现少量简单的文字，但文字一般不独立存在，应与图片、照片和表格相呼应，以引发幼儿对文字的关注和兴趣，懂得文字也能表达意义。

幼儿讨论探究活动结束后，具有普遍意义的关键资料可用不同的方式保存起来，如可以展示在墙面上，或者保存在幼儿自己或小组的记录本中。

3. 交流讨论分享探究经验

在收集、展示资料的基础上，教师组织幼儿对探究的过程和结果进行集体分享，展开交流讨论。教师组织此环节时应注意以下问题。

（1）交流讨论时，运用适当、多样化的教育手段进行引导和补充，避免灌输与注入式，不应将交流讨论活动变成灌输科学知识的课堂。

（2）教师要认真、耐心地倾听幼儿的表达并及时做出反应，要限制自己说话，把充足的时间留给幼儿。教师应给予幼儿足够的思考时间，不要急于要求幼儿表达。

（3）教师要营造民主平等、宽松自由的交流氛围，使幼儿想说、敢说、喜欢说、有机会说。教师不要预设结论，而应认真、耐心倾听幼儿的观点。对幼儿的讨论及时反应，多鼓励与支持。即使幼儿回答错误，教师也不应急于否定、急于纠正、急于下结论，而应启发幼儿运用已有的经验进行思考。教师与幼儿的交流不应用教育的口吻，而应用闲谈的语气。对于幼儿来说，教师既要鼓励他们大胆讲述自己的经验，又要培养他们尊重他人、善于倾听的习惯，使交流讨论成为真正的“社会建构”学习。

（4）幼儿表达和交流信息有语言和非语言（包括图像记录、手势、动作、表情等）两种方式，教师应充分调动幼儿运用熟悉的、擅长的各种交流方式表达和交流信息。幼儿可利用艺术手段表达自己对科学的认识，使交流的形式丰富多彩，如艺术表演、作品或图画展览，讨论形式可多样化，如集体讨论、分组讨论、借助图片讨论、创设场景讨论、自选主持人讨论、不同观点辩论等。

（5）教师可以利用网络、电视、广播等视听媒体进一步丰富幼儿的知识经验，扩大幼儿的眼界。

（6）交流讨论的过程中，教师既要面向全体幼儿，又要照顾个别幼儿的需要；既要引导幼儿围绕主题讨论，又要注意及时拓展主题。

4. 多元评价激发探究兴趣

在科学活动中，教师应采用多元评价观，以促进每个幼儿的发展为目标。在探究活动中，教师应采用多元评价标准，从多方面评价幼儿，避免把科学知识、科学技能的获得作为单一的评价内容，同时应把幼儿的学习兴趣、情感体验、学习方式纳入评价内容。教师不能仅把探究的结果作为评价的单一标准，而应注重幼儿的探究过程。对幼儿在探究过程中的动手动脑、积极参与、大胆猜想，不怕困难和不断尝试的精神和探究中的每个发现，教师都应及时给予肯定、鼓励和赞扬，从而增强幼儿进一步探究的兴趣。

在科学活动的过程中，教师在师幼互动中的地位不言而喻，只有采取适时、正确的指导策略，才能促进幼儿主动学习，体现幼儿的主体地位。

第三节　幼儿讨论探究活动设计与指导参考案例

一、小班讨论探究活动设计与指导

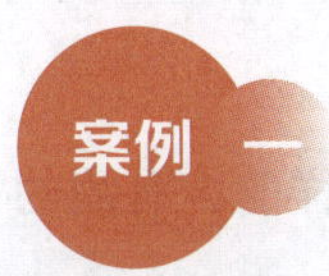

活动名称

小小宴会（小班）

活动目标

1. 通过品尝各种食品，知道舌头能感觉各种味道。

2. 能用语言表达出酸、甜、苦、辣、咸等不同味道，学习表达尝到这些味道时的感受。

活动准备

1. 将奶糖、酸梅、榨菜、苦瓜等切成小块，每个幼儿一盘，盘里配一根牙签。

2. 教育挂图“小小宴会”。

活动过程

1. 介绍食品名称，引起幼儿品尝的兴趣。

教师："今天老师为在座的每位小朋友都准备了许多好吃的东西，让我们先看一看都有什么。"（引导幼儿说出它们的名字）

提问内容：

（1）这些食品你们吃过吗？它们是什么味道的？

（2）怎样才能知道这些食品的味道呢？（让幼儿伸出舌头，互相看看舌头的样子）

2. 出示教育挂图引导幼儿观察并提问。

提问内容：

（1）你们看，这四个小朋友尝到了什么味道？你是怎么知道的？

（2）你吃过这些东西吗？你是用什么尝到味道的？

3. 请幼儿品尝食品的味道，鼓励幼儿之间互相交流和观察，看看旁边小朋友的表情，问对方吃的是什么、有什么味道等，并鼓励幼儿品尝每一种食品。

4. 幼儿交流品尝食品时的感觉。

提问内容：

（1）你刚才尝的是什么食品？它有什么味道？

（2）还有哪些食品也是甜（酸、苦、咸）的呢？

（3）你看到别人脸上的表情吗？是什么样的？你学一学。

（4）你最喜欢吃的是什么？为什么？

教师小结：食品的味道是各种各样的，有甜的、酸的、苦的、咸的。这些味道我们用舌头尝一尝便能知道，我们的舌头用处真大。

5. 师生共同讨论保护舌头的方法。

舌头是最勇敢的，什么味道都能尝；舌头也是最娇弱的，我们不能吃太烫的食品，这样会把舌头烫伤的。我们生病了，舌头也会生病，这时你吃食品也不会太香，甚至品尝不出食品的味道了。

活动评价

活动中，教师让幼儿运用感觉器官认识、判别食品的特性，这样的方法能提高幼儿对食品的兴趣，同时激发他们品尝和讨论的愿望，愿意通过亲身体验获得健康知识和经验，从而取得较好的教育效果。

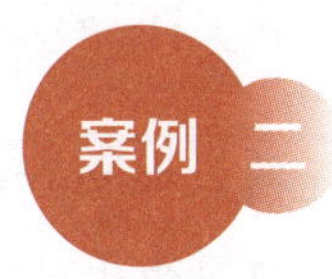

活动名称

会飞的小伞（小班）

活动目标

1. 激发幼儿探索科学的兴趣，能想办法使小伞飞起来。

2. 通过玩会飞的小伞，注意到形状不同的小伞飞的高度不一样。

活动准备

1. 幼儿有玩可乐瓶的经验。

2. 同种材料制作的三种不同形状的小伞（锥形、平面形、漏斗形）、大号可乐瓶每人一个。

活动过程

教师："我这里有和小朋友们一样的三把小伞，大家看一看它们有什么不一样？"（引导幼儿观察三把小伞颜色和形状的不同）

1. 启发幼儿探索"怎样使小伞飞起来"。

（1）引导幼儿把小伞放在可乐瓶瓶口上，想办法使小伞飞起来。

1）有的幼儿用嘴去吹可乐瓶上的小伞，使小伞飞起来。

2）有的幼儿用手去拍可乐瓶，瓶中的气流把小伞吹出去。

3）有的幼儿用手去捏压可乐瓶，瓶中的气流把小伞吹出去。

（2）讨论交流：你们的小伞飞起来了吗？是用什么办法使小伞飞起来的？

教师小结：要想使小伞飞起来，可以捏、拍、敲、吹等。

2. 对用同种材料制作的三种不同形状的小伞进行比较。

（1）请幼儿再用用力拍的方法，轮流把三把小伞放在可乐瓶的瓶口上，看看哪把小伞飞得最高。

（2）请三位幼儿各持一把形状的伞进行示范表演，其他幼儿观察比较。

3. 让幼儿拿着自己的小伞到户外自由地玩，结束游戏。

4. 活动延伸。

（1）在科学区投放不同材料制作的小伞，比一比哪一把小伞飞得高。

（2）回到家中和爸爸妈妈一起玩会飞的小伞，想一想为什么小伞会飞起来。

活动评价

本活动以具体实物引出活动主题，通过提问的方式让幼儿开展讨论，又通过具体操作探究讨论的结果，最后通过实际操作加深幼儿对讨论探究结果的认识。

活动名称

怎样让纸宝宝发出声音（小班）

活动目标

1. 运用发散性思维探索让纸发出声音的各种方法。

2. 体验让纸发出声音的乐趣，并大胆表达自己的发现。

活动准备

牛奶袋、图画纸、报纸、海报纸。

活动过程

1. 以故事形式导入，激发幼儿探索让纸发出声音的兴趣

教师："刚才纸宝宝对老师说，它昨天晚上收到一封邀请信，信是森林里的黑猫警长发来的。黑猫警长在信上说，'纸宝宝，我们周末要举行森林音乐会，想邀请你来参加，但是来参加音乐会的朋友都要表演一个节目，到时候小猫、小鸟、小狗等小动物都会来参加，它们已经把要表演的节目告诉我了，你来参加的时候也要表演一个节目啊。'纸宝宝特别想去参加森林音乐会，可是它不会表演节目，因为它自己不会发出声音，它特别伤心，就来找小朋友们帮忙，你们愿意帮助纸宝宝吗？"

教师随意拿出一张纸抓一抓，吸引幼儿注意力，给幼儿的探索以引导。

教师："老师是用什么方法帮助纸宝宝的？"（抓一抓）

教师："老师是用手抓纸，纸宝宝就会发出声音。小朋友们说得非常好。下面就请小朋友们来帮助纸宝宝，看看哪个小朋友最聪明、能想出很多好办法来帮助纸宝宝，让这些纸宝宝发出好听的声音。"

2. 基本部分

（1）幼儿分组尝试操作，使纸发出声音。

（2）教师巡回指导，对幼儿的探索活动给予支持和肯定，并启发幼儿探索出更多的方法。

3. 结束部分

（1）分享实验结果：教师引导幼儿围坐成圈，然后请每个幼儿表演实验过程，其他幼儿进行验证。

（2）教师小结幼儿验证的方法，并用重复的方法加深幼儿对这些方法的认识，同时丰富幼儿词汇，学习如抻一抻、揉一揉、搓一搓、摇一摇等词语。

教师："小朋友们让纸宝宝发出了声音，而且还用了很多方法，纸宝宝终于高兴起来了，它非常感谢你们，它想和小朋友们一起跳舞。"

跳舞时，教师应提醒幼儿用刚才想出的方法让纸宝宝发出声音、唱起歌，加深幼儿对让纸发出声音方法的理解，在游戏中结束活动。

活动评价

本活动以故事形式导入，创设问题情境，激发幼儿探索让纸发出声音的兴趣，鼓励幼儿积极参与。幼儿分组对材料进行自由操作和探究，教师巡回指导给予支持，然后幼儿之间进行实验结果分享，互相激发新思考。教师对实验结果进行总结验证，及时强化幼儿在活动中的收获。

二、中班讨论探究活动设计与指导

活动名称

大树妈妈本领大（中班）

活动目标

1. 让幼儿在体验的基础上初步感知树木与人类的基本关系，培养幼儿探索自然的兴趣。

2. 引导幼儿关心周围的社会生活环境。

3. 让幼儿感受帮助朋友的快乐，培养幼儿关心自然界、爱护树木的情感。

活动准备

1. 环境创设：树林。

2. 一个大树妈妈头饰、一个鸟妈妈头饰、幼儿每人一个小鸟头饰。

3. 儿歌《小鸟飞》，画纸、水彩笔每人一份。

活动过程

1. 以小鸟练习飞翔本领导入课题

鸟妈妈（教师）和小鸟们在音乐声中一起飞进树林。

2. 基本部分

（1）引导幼儿发现树叶枯黄，讨论原因。

鸟妈妈："小鸟们，我们休息一会儿吧。咦！这树的叶子怎么变枯黄了？这是怎么回事？"（引导幼儿讨论）

（2）由另一位教师扮演的大树妈妈讲述病因。

鸟妈妈："我们还是一起来问问大树妈妈吧！大树妈妈，大树妈妈，你的树叶为什么变枯黄了？"

大树妈妈："空气污染，工厂排污水，乱砍滥伐……"

（3）引导幼儿为大树妈妈想治病的办法。

鸟妈妈："大树妈妈生病了，真可怜，我们想想办法，让大树妈妈的病快点好。"

小鸟："吃药，唱歌给她听，陪她说说话……"

大树妈妈："你们还是多练习飞的本领，趁早飞走吧！我这病你们救不了的，人类不重视，乱排污水、废气，乱砍树木。唉！没用了……"

小鸟："我想到救大树妈妈的办法了，让人类知道大树妈妈的本领。"

（4）引导幼儿说出大树妈妈有哪些本领。

1）茂盛的树叶为人类撑起"伞"，人类可以在树荫里乘凉。

2）大树妈妈每天把空气"打扫"干净，让人类呼吸新鲜空气。

3）大树妈妈用自己的身体挡住洪水和沙尘，保护人类的家园，让人类每天快快乐乐地生活。

4）大树妈妈把人类的家园打扮得漂漂亮亮，让人类的生活更加幸福。

（5）教师总结。

大树妈妈的本领真大，如果没有这些大树妈妈，人类将会没地方住，没有这些美丽的家园。

（6）怎样让人类知道这些呢？幼儿各自说说。（唱歌、送信、画画……）

（7）让幼儿画出大树妈妈的本领。

大树妈妈："我还是喜欢你们把我的本领画出来送给人类，让他们知道应该保护树木和森林。"

3. 结束部分

幼儿把自己画好的画传递到家人的手中。

活动评价

通过本活动，幼儿能够认识到保护环境的重要性，知道爱护环境应从小做起，树立环保意识。教师在活动过程中要注意引导、启发幼儿讨论人类如何做到不排放污水，不乱砍滥伐，多植树，多绿化，保护好我们的地球村。

活动名称

水滴和纸（中班）

活动目标

1. 通过对不同质地的纸的观察和比较，感知纸的特征及吸水性的强弱。

2. 丰富幼儿的生活经验，培养幼儿的动手操作和实验能力。

活动准备

1. 以纸为材料创设的纸世界：面巾纸、图画纸、包装纸、手工纸、报纸、宣纸、锡纸、瓦楞纸、水粉纸、牛皮纸等。

2. 盆、彩色水、滴管、盘子、水杯、记录笔、记录单。

活动过程

1. 复习

（1）以律动操的形式组织幼儿进入活动室。

（2）复习各种纸的名称，说出在哪里见过这些纸，用过哪些纸制品。

2. 设置情境

教师设置情境：让水杯里的水洒在纸上，请幼儿观察纸有哪些变化。

3. 实验探究

引导幼儿采用不同的方式实验。

（1）用滴管吸带颜色的水往不同的纸上滴，看看会发现什么，小水滴落到纸上有什么变化。

（2）将水杯里的水往不同的纸上倒，请幼儿观察纸有什么变化。

（3）幼儿把各种材料的纸同时放入水中，并认真观察哪种纸吸水性强，哪种纸吸水性弱。

（4）请幼儿把观察的结果和自己的发现记录在记录单中。

4. 交流、讨论

引导幼儿说出自己的发现，展示小组记录的结果并讨论：为什么小水滴滴在不同的纸上会有不同的结果。

（1）一般来说，薄的纸（如报纸、面巾纸、宣纸等）吸水快，厚的纸（如瓦楞纸、水粉纸、牛皮纸等）吸水慢。

（2）包装纸、手工纸、图画纸吸水性弱。

（3）报纸、面巾纸、宣纸吸水性强。

（4）锡纸不吸水。

（5）面巾纸吸水最快，包装纸吸水最慢。

5. 活动延伸

用不同的纸折几只小船放在水里，看哪些小船浮在水面上，哪些小船沉到水里。幼儿分组进行活动，教师对不同能力的幼儿进行针对性指导。活动时应提醒幼儿卷好袖子，以免弄湿衣服。

活动评价

纸是幼儿生活中常见常用的物品，本活动启发和引导幼儿认识了各种各样的纸，通过探索实验、实践观察、动手操作，激发幼儿发现问题、认真思考的欲望和兴趣，让幼儿在玩的过程中感知体验并得出结论。

活动名称

工具用处大（中班）

活动目标

1. 能根据具体的情境选择和使用合适的工具，解决实际问题。

2. 了解生活中一些常见的工具，体验工具给人们生活带来的便利。

3. 能积极动手尝试，安全使用工具，大胆讲述自己的想法。

活动准备

1. 经验准备：幼儿已和家长共同寻找过家中的工具，并知道一些工具的名称和用途。

2. 物质准备：

（1）黄豆和小米混合物、大米、空矿泉水瓶子、装着棉球的小口瓶子、掉了螺钉的玩具。

（2）各种小工具，如镊子、螺丝刀、筛子、漏斗、筷子、安全剪刀等。

（3）相关视频。

活动过程

1. 教师提出请幼儿帮忙做事，激发幼儿探索的兴趣

教师提出要求，请幼儿在一分钟内完成以下任务中的任意一项任务。

（1）把黄豆和小米分开。

（2）把棉球从瓶子中取出。

（3）把大米装进瓶子。

（4）把玩具修好。

2. 幼儿徒手操作，尝试在一分钟内完成任务

（1）幼儿自由选择一项任务，徒手进行操作（计时一分钟）。

（2）教师："你们完成任务了吗？为什么没有完成？"

（3）鼓励幼儿大胆猜想，并进行讨论：有没有什么东西可以帮助我们，让我们能比较容易地完成这些任务。

3. 幼儿选择适合的工具进行操作体验，验证自己的猜想

（1）教师出示一个大箱子，和幼儿一起打开箱子，逐一出示里面的小工具，让幼儿认识各种工具。

（2）教师："这些工具中哪一件可以帮助你完成你想做的任务？为什么你要选择这样的工具呢？"

（3）幼儿自选工具，大胆操作。

请幼儿选择工具完成任务，并提醒幼儿在使用工具时要注意安全。

4. 交流分享，引导幼儿说一说自己的操作过程和发现

（1）教师："你完成了哪项任务？使用的是什么工具？你有什么发现？"

（2）师幼共同讨论两次操作（徒手与使用工具）的体会和认识。

5. 欣赏视频，进一步了解工具的作用

（1）观看视频《工具作用大》。体验各种工具在生活中的运用，拓展幼儿的经验。

（2）教师小结：工具给我们的生活带来很多便利，节约了我们的时间，节省了我们的力气，选择合适的工具可以使我们做事时更快、更省力。

6. 活动延伸

回家后，让幼儿在父母陪伴下，利用工具解决一些小问题或完成一些小任务。

活动评价

本活动采取任务引领的方式导入主题，激发幼儿参与活动的兴趣，通过对徒手操作与工具操作进行对比，引导幼儿学习使用工具，讨论探究工具的作用和意义。活动设计符合幼儿乐于动手探索的天性，使幼儿在动手操作和讨论探究的活动中实现成长。

三、大班讨论探究活动设计与指导

案例一

活动名称

谈手机（大班）

活动目标

1. 能用连贯、完整的语言交流自己收集到的手机相关信息，体验分享的快乐。
2. 能大胆表述对未来手机的设想，提高想象力。
3. 产生对现代高科技产品的喜爱之情。

活动准备

课前请幼儿收集有关手机的信息并做记录。教师把幼儿的记录布置在黑板上，并准备一段视频。

活动过程

1. 引出主题

（1）教师："最近，小朋友们对手机很感兴趣，还收集了许多有关手机的信息，这些就是你们收集到的信息。我们一起走上前来看一看，和好朋友说一说你收集的是哪一张。"

（2）幼儿自由参观。

2. 围绕主题让幼儿交流信息

教师：小朋友们收集到了哪些有关手机的信息呢？请你先和身边的好朋友交流一下，好吗？（幼儿自由讲述，教师指导；个别幼儿讲述）

教师："老师也研究了手机，还当记者做了一次采访，我们来看看。"（观看视频资料）

教师："听了老师的话，你认为手机好不好？为什么？"（个别幼儿回答）

3. 了解一些手机的简单常识

教师："既然手机有这么多优点。大家都喜欢使用它，那是不是在任何地方都能用手机呢？在什么地方、什么时候不能使用呢？"（个别幼儿回答）

4. 拓展提问

教师："今天我们交流了这么多手机的信息，那你对手机还有什么不了解或不知道的地方吗？"（个别幼儿提问，容易的问题请其他幼儿回答，不能回答的鼓励幼儿回家后继续寻找答案）

教师："小朋友们问了这么多问题，现在我也有个问题想来问问你们，最早的手机叫什么？是哪国人发明的？"（幼儿交流自己知道的信息）

5. 活动延伸

教师："假如请你来设计一款手机，你准备设计一款怎样的手机？"（幼儿自由交流，教师指导；个别幼儿回答）

活动评价

手机是现代人生活中必不可少的工具。本活动通过幼儿对手机的交流讨论，使他们初步了解手机的功能和使用礼仪。最后的活动延伸可以让幼儿对高科技产品有自己的理解和设想，甚至通过自己设计手机体验做小小科学家的喜悦。

活动名称

奇妙的杯子（大班）

活动目标

1. 知道杯子的共同特点，感知不同材料杯子的主要特点及应用。

2. 激发幼儿观察、发现、探索、创造的欲望和兴趣。

3. 培养幼儿发散思维能力及动手能力。

活动准备

1. 各种各样的杯子与少量瓶子混放在活动室内。

2. 塑料杯、纸杯、搪瓷杯、不锈钢杯、瓷杯、玻璃杯、烧杯若干组。

3. 较淡颜色的水及热水。

活动过程

1. 让幼儿给杯子和瓶子分类，通过观察比较，找出杯子与瓶子的不同点。（杯口较大，有无盖子都行，一般用来盛装液体；瓶口较瓶身小，有盖子密封，可以盛装固体、液体、气体）

2. 让幼儿自由选取杯子，向同伴介绍“我喜欢的杯子”，并相互讨论总结杯子的共同特征及用途。

3. 让幼儿随意摆弄各种各样的杯子，比较发现各种杯子的不同点，并请幼儿根据杯子制作材料的不同进行分类活动。

4. 操作比较不同材料杯子的特点。

（1）让幼儿捏一捏、压一压各种材料的杯子，说一说发现了什么，引导幼儿感知归纳。（塑料杯、纸杯软，玻璃杯、不锈钢杯、瓷杯硬）

（2）让幼儿掂一掂、比一比各种材料的杯子，说一说发现了什么，引导幼儿感知归纳。（瓷杯、玻璃杯重，纸杯、塑料杯轻，搪瓷杯、不锈钢杯比较轻）

（3）让幼儿看一看倒上带颜色水的各种材料的杯子，说一说发现了什么，引导幼儿观察归纳。（玻璃杯很透明，塑料杯比较透明，纸杯、搪瓷杯、不锈钢杯不透明）

（4）让幼儿摸一摸、试一试倒入热水的各种材料的杯子，说一说有什么感觉，引导幼儿感知归纳。（搪瓷杯热，搪瓷杯导热最快；玻璃杯、不锈钢杯、纸杯、塑料杯比较热，它们导热比较快）

（5）让幼儿想一想、说一说哪种材料的杯子更易摔坏。让幼儿知道玻璃杯、瓷杯易摔坏；搪瓷杯易摔坏外瓷，剩下的铁身易锈蚀变坏，不如不锈钢杯结实光滑；纸杯、塑料杯不易摔坏，但纸杯不如塑料杯结实耐用。

5. 让幼儿尽可能多地说出自己见过的杯子。

6. 让幼儿联想、实验，比较几种特殊杯子的不同。

（1）一次性纸杯与塑料杯：纸杯易腐烂，污染较小；塑料杯不易腐烂，易造成白色污染。

（2）烧杯和一般的玻璃杯：烧杯可以加热，玻璃杯不能直接加热。

7. 让幼儿讨论在下列情况时应选择什么样的杯子。

（1）外出旅游。（结实轻便、不易摔坏、有提手的杯子）

（2）给病人送粥。（保温、带盖子、有提手的杯子）

（3）给客人冲茶水。（保温、带盖子、有把的杯子）

8. 让幼儿观察杯子的外部细微特征，讨论杯子上的“小秘密”。

（1）高脚杯上的细长腿。（美观、方便）

（2）杯身上的“凹”部。（方便）

（3）杯身上的平行纹。（防滑）

（4）杯子上的杯把。（方便、不烫手）

（5）杯提手。（方便、省力）

（6）折叠伸缩杯。（少占空间）

（7）杯子盖儿。（卫生、保温）

（8）烧杯上的“尖凸小口”。（倒物方便，不洒物）

（9）杯身罩套。（隔热、防滑、美观）

9. 活动延伸。

（1）开展“我想发明的杯子”绘画、讲述活动。

（2）开展利用纸杯或塑料杯制作“土电话”“飞碟”活动。

活动评价

各种各样的杯子是幼儿非常熟悉而又经常使用的日用品。本活动收集利用丰富多彩的材料，结合幼儿的实际经验，调动幼儿多感官参与，鼓励幼儿自由观察、操作、发现、比较、讨论与探究，充分展示一个以幼儿为主体、教师为主导的发现、学习的动态活动过程。

活动名称

有趣的磁铁（大班）

活动目标

1. 认识磁铁，感知、体验磁铁的磁性。

2. 探索磁铁能够吸附的物品和不能吸附的物品。

3. 通过探究活动发展交流、合作、分享的能力。

活动准备

1. 磁铁、铁钥匙、牛皮筋、钥匙环、回形针、螺钉、小铁钉、大头针、白纸片、塑料片、布片、别针、小铁丝、木片、小铁片、硬币、玻璃弹珠、小铁珠、塑胶手套、玻璃杯、橡胶玩具、塑料瓶、塑料碗、铅笔、布袋、玻璃杯、纸盒、铁盒、塑料盒、木盒、发夹、记录笔、记录表等。

2. 课件和视频。

活动过程

1. 出示磁铁，激发幼儿探索的兴趣。

教师："小朋友们，请大家看一看，在你们面前的盘子里有些什么呀？"

幼儿玩一玩盘子里的东西，然后相互说说自己的发现。

教师："是哪一块东西能吸住别的东西？把它找出来。"

教师小结：这块能吸住其他东西的物品的名字叫磁铁。

2. 幼儿操作探索，发现磁铁能吸住铁制的物品。（每人一个磁铁、一个小布袋）

（1）桌上有一些物体，请幼儿去用磁铁试一试，看看磁铁能吸起哪些物体。

（2）幼儿操作探索，用绘画的形式填写记录表。

附：操作要求

把能被磁铁吸住的物体画在左边的表格里，把不能被磁铁吸住的物体画在右边的表格里。

（3）集体交流：磁铁能吸起哪些物体，能被磁铁吸引的物品都是用什么做的。

（4）观看有关磁铁的视频。

教师小结：原来磁铁的好朋友是用铁做的，磁铁能吸住用铁做的东西。

3. 幼儿第二次探索，发现磁铁能隔着物体吸铁制品。

教师："请小朋友们试一试，磁铁隔着不同材质的盒子还能不能吸东西呢？"

幼儿探索：用磁铁隔着物体去吸里面的铁。（为每组提供玻璃杯、纸盒、铁盒、塑料盒、木盒各一个，里面放置一些铁制物品，尝试实验）

教师小结：原来磁铁隔着一些物体也能吸铁，磁铁的磁力具有穿透性。

4. 迁移运用，探究了解磁铁在生活中的用途。

教师："我们一起看一下磁铁在生活中有什么用处。"（观看课件，让幼儿了解生活中人们对于磁铁的利用）

教师小结：冰箱的门有了磁铁，可以自动吸附在冰箱柜上；门吸上有了磁铁，可以吸住门，减少我们经常开关门的麻烦；指南针在我们迷路时，可以指明方向，帮助我们找到正确的道路；磁悬浮列车也是利用了磁铁的特性建造的。磁铁有这么多作用，给我们的生活带来了方便，真了不起！

活动评价

在本活动中，教师通过一环扣一环的提问引领幼儿，支持幼儿活动，帮助幼儿在问题中思考、讨论、操作、探究。随着教师提问的逐层递进，活动一步一步展开，幼儿的思考也层层深入，在不知不觉中丰富了经验，开拓了视野，得到了提高。活动以幼儿探索和发现为主，让幼儿自己发现问题，教师在活动中只是引导者的角色，充分发挥了幼儿在活动中的主体地位。活动将课堂延伸到生活，使幼儿的学习和生活得到了结合。

思考 · 练习

1. 教师应如何指导幼儿进行讨论探究活动？

2. 教师应如何评价幼儿的讨论探究活动？

3. 参考已有的活动案例，为小班、中班、大班各设计出一个活动案例并模拟试教。

第六章 幼儿种植饲养活动

学习目标

- 了解幼儿种植活动和饲养活动的特点
- 能够科学、合理地选择适宜的种植和饲养内容
- 能够独立地设计并组织开展幼儿种植饲养活动
- 认真学习案例，并能够进行教学实践模拟，做到触类旁通、举一反三

幼儿园的种植饲养活动是幼儿科学教育活动中不可缺少的内容，它直观、生动、有趣，具有较强的可操作性，活动持续时间长，同时可以与其他科学活动（如观察、讲述和实验等）联合进行。幼儿在活动中可以增长知识，锻炼能力，培养热爱劳动、爱护自然的情感。

第一节　幼儿种植饲养活动概述

幼儿园的科学教育活动是发展幼儿智力的重要途径。现代教育家陈鹤琴指出："幼稚园需布置一个科学环境，尽可能地领导儿童栽培植物（花卉、菜蔬），布置园庭，从

事浇水、除草、收获种子等工作，并饲养动物等。”

一、幼儿种植活动

1. 幼儿种植活动的特点

幼儿的种植活动是在教师的指导和帮助下，让幼儿自己动手进行简单的种植活动，使他们能亲眼看到植物从一颗种子经过开花，最后结果的全过程。幼儿种植活动不仅能培养幼儿对植物的兴趣，还能使幼儿学到许多有关植物的科学知识，掌握简单的种植技能，从而培养幼儿热爱劳动的品德。

幼儿的种植活动

幼儿园的种植活动可根据各地的气候等自然条件，考虑各幼儿园场地、人员等方面的因素，因地制宜地设计，教师要有目的、有计划、有组织地带领幼儿开展种植活动。

幼儿园的种植活动要考虑幼儿的特点，让幼儿积极参与，而且应该做到持之以恒，有始有终。最好能使幼儿在一学期内完成从种子发芽到开花结果的全过程，所以在种植的品种上应加以选择，一般可种植蔬菜、瓜果和花卉。

2. 种植活动的准备

（1）园地

幼儿园应尽可能为幼儿准备一块种植园地，城市的幼儿园一般空地较少，难以安排大面积的种植园地，所以幼儿园的种植园地不一定要集中在一起，可以分散在各班周围，充分利用边角地。如果园内实在没有可供种植的地方，也可以用砖砌成五十厘米高的花坛或用旧木箱装上泥土种植，还可以在室内用花盆种植。

（2）工具

教师需为幼儿准备一些必备的劳动工具，如小铲、小耙、小筐、水桶、水勺、喷水壶等。这些工具必须适合幼儿的年龄特点，应小巧、轻便、安全，最好能做到人手一套。

（3）种植品种

适合幼儿园种植的植物品种很多，选择时主要应考虑各地区的特点及各幼儿园的实际情况，一般以经常食用的蔬菜和一年生草本花卉为主，宜选择生长周期短、管理方便、幼儿熟悉的蔬菜品种，或者选择无毒、无刺、无刺激性气味、花朵艳丽或芳香的花卉种类。开展种植活动还得考虑各年龄班幼儿的特点，如小班幼儿年龄小，各方面能力较差，种植活动需要在教师的帮助下才能进行，应该选择种子较大、生长快的植物，而且种类不宜太多，两三种即可，如大豆、大蒜、向日葵等。中班幼儿还不能完全独立管理所种植物，所以种植的品种仍应选择容易栽培的品种，但种类可比小班丰富，如辣椒、茄子、青菜、萝卜等。大班幼儿已具备较强的活动能力，种植品种可全面些，如叶菜类、瓜果类、根茎类，除蔬菜外，还可种些粮食作物或经济作物，如玉米、小麦、花生、棉花等。

二、幼儿饲养活动

动物以它们的活泼可爱吸引着幼儿。幼儿可以在幼儿园的自然角和饲养角饲养一些易于管理的小动物，在教师的指导下学会管理小动物，并在长期管理小动物的过程中，逐渐了解、熟悉这些小动物。喜爱小动物是幼儿共同的特点，与小动物的接触引发了幼儿极大的兴趣和快乐，培养了他们良好的情感，同时还能激发幼儿的求知欲望，促进他们积极思维。他们会提出许多问题，如动物是怎样出生的，怎样长大的，会不会生病等，教师可因势利导，让幼儿去探索、去观察，帮助他们找到答案，增长科学知识。饲养活动是一项既动脑又动手的活动，有利于培养幼儿热爱劳动的优秀品质，并使他们掌握基本的劳动技能，这些对幼儿今后的成长有着不可估量的作用。

幼儿的饲养活动

受到场地、人员和经济条件等多种因素的限制，幼儿园在选择饲养动物的种类时，应根据自身的实际情况，并考虑幼儿的兴趣以及教学的需要，一般选择本地区常见的动物种类，尽量选择那些外形美观、动作灵巧、叫声悦耳、性情温顺而又易于管理的小动物。

幼儿园的自然角设置在活动室内，一般地方较小，而且大多数物品摆放在桌面上，所以最好饲养一些小型的、适合室内饲养的小动物，如蚂蚁、蝴蝶、金鱼、鲤鱼、鲫鱼、泥鳅、河蚌、田螺、乌龟、蝌蚪、蚯蚓等，可根据季节选择几种饲养，过一段时间再换其他种类。

幼儿园的饲养角大多建在室外，可选择一些适合室外饲养的动物，如兔子、鸡、鸭、鸽子、画眉、刺猬、松鼠等。

第二节　幼儿种植饲养活动设计与指导

一、幼儿种植活动的设计与指导

幼儿园开展种植活动成功的关键在于教师。植物生长有其各自的规律，教师必须了解植物的特点，掌握植物生长的规律，并学会种植的基本方法，才能正确指导幼儿开展种植活动。

一般种植活动在春秋季节进行，主要是春季。春季于清明前后播种，秋季一般在9—10月进行。种植前必须进行一系列准备工作，种植后应进行管理，最后收获。

1. 整地、作畦

种植植物前必须整地、松土（用铁锹将地翻松），这项工作主要由教师完成，教师可组织幼儿观看。中班、大班的幼儿可以与教师一起用铁铲将土块敲碎，并拣去碎石块、瓦片，然后耙细，将地分成几小块，地的宽度以幼儿在两侧能够操作为宜，地边应留出让幼儿行走站立的田埂。

2. 播种

播种前，幼儿在教师带领下选出颗粒饱满、无虫害的种子。播种方法有撒播、条播和点播等。

（1）撒播

撒播适用于种子较小、播种量大而种植管理较粗放的植物种类，如青菜、苋菜、萝卜等，方法是将细小的种子混以细砂或干泥土均匀地撒于土中。

播种

（2）条播

条播一般适用于稍大的种子，如大豆、瓜类、辣椒的种子等，方法是在整好的地上每隔六至十厘米用竹签划深一点五厘米左右的沟（间距、行距根据植株的大小而定），然后将种子均匀地播于沟内，轻轻地盖上一层薄薄的土，浇少量的水，出苗后及时间苗。

（3）点播

点播一般适用于较大的种子或植株较大的植物，如蚕豆、向日葵、茄子等，方法是按一定的株距、行距用小锹或竹签在土面上开小穴，每穴播种二至四粒种子，出苗后再间苗，每穴留下一株健壮的幼苗。

播种时，小班幼儿由教师带领将种子放入土中，然后教师将种子盖上土，浇点水；中班、大班的幼儿可在教师的指导下自己进行，先听教师讲播种的方法，然后看教师示范，再分组进行播种。播种过程中教师要全面巡视，及时帮助幼儿。

3. 管理

植物的管理是一项需要较长时间而且经常性的工作，教师应教育幼儿做到持之以恒。

（1）浇水

种子播下后就需要浇水，因为种子的萌发需要足够的水。出苗后应视天气情况浇水，一般春、秋季每天浇一次，夏季需早晚各浇一次，高温天气应避免正午浇水。浇水量应根据植物的种类、生长期、气候条件决定。浇水应掌握“干透浇透”的原则，即土呈灰色发硬时需浇水，浇水时必须使水渗透土层。浇水可由中班、大班幼儿轮流进行。

（2）除草

出苗后，植物周围会不断长出杂草，必须及时拔除，否则将影响植物生长。除草工作可以随时进行，小班、中班、大班幼儿均可在教师的带领下用手拔除杂草。大班幼儿还可以结合除草给植物松土，使植物更好地生长。

（3）施肥

施肥一般由教师和其他教工等成人进行，也可请花匠在管理花卉时顺便施肥，施肥的肥料一般选用绿色食品肥料。一般在种植前施足底肥，在生长过程中可以不施或少施。幼儿园所需肥料可用厨房的下脚料（如鱼骨、烂菜叶等）沤制而成或做堆肥，但这些下脚料不经腐熟不能施用，否则会烧坏根系，还会生虫，散发出臭气，影响环境卫生。

（4）其他

种植藤本植物，如黄瓜、番茄、菜豆、茑萝、牵牛花等，生长到一定时期需搭架子，这些活动一般由大班幼儿和教师一起进行。

4. 收获

收获劳动成果应让幼儿自己进行，使幼儿体会到丰收的喜悦和劳动的愉快，并感受到劳动成果的来之不易。中班、大班幼儿将收获的果实进行分类，在每一种类中选择粒大饱满的种子，将其晒干、贮藏，可食用的果实可以给幼儿分享。

二、幼儿饲养活动的设计与指导

饲养照料小动物是长期持续进行的活动，是一项需要耐心、细致的工作。活动过程中幼儿是主体，主要工作应由中班、大班幼儿完成，教师必须及时给予指导，教会他们一些基本技能，教师不能包办代替，而让幼儿只是看看，这样幼儿会逐渐失去兴趣。

小班幼儿年龄小，操作能力较差，大部分饲养管理工作由教师承担，所以小班饲养的动物应少些，而且管理要方便，有些活动可由教师带领幼儿一起做，如给金鱼喂食等简单的操作。小班的饲养活动以观察成人和大班、中班幼儿操作为主。

中班幼儿可在自然角饲养种类较为丰富的动物，但管理方法不能太复杂。教师带领幼儿进行活动，并在活动中教会他们一些简单的技能，逐步过渡到让幼儿独立完成管理小动物的工作。

大班幼儿在小班、中班的基础上，已积累了一定的经验，掌握了一些技能，可以对饲养场内的小动物进行管理，教师可安排幼儿轮流承担管理小动物的工作。幼儿在教师的帮助下，懂得按动物的生活习性喂养，喂食要定时定量，同时还要学会清洁工作。

总之，饲养小动物的活动要求幼儿做到耐心细致、持之以恒、有始有终。

幼儿种植与饲养活动中应注意的问题

一、选择合适的内容

幼儿年龄小，种植、饲养的技能差，因此在确定种植、饲养的内容时，要根据幼儿的年龄特征以及动植物本身的特点进行选择。

二、种植、饲养的过程应和幼儿的认识活动相结合

科学教育中安排种植与饲养活动的主要目的是为了学习科学。因此，教师在活动过程中要注意结合种植与饲养过程，指导幼儿观察对象及使用种植和饲养的工具。例如，在饲养蚕的过程中，教师应指导幼儿观察蚕的外形特征、生活习性、生长过程等，观察蚕是怎样进食桑叶的，是怎样爬行的，又是怎样蜕皮的……同时，还应指导幼儿认识桑叶的主要特征，了解桑叶和其他树叶的不同之处。教师要利用各种机会，因势利导，帮助幼儿扩大知识面，满足好奇心，鼓励思考，发展求知欲，提高认知水平。

三、鼓励幼儿的自主探究

在种植与饲养活动中，幼儿扮演“小小园艺家”“小小动物学家”的角色，他们会以十足的热情参与到活动中去。教师切记不能包办代替，而应指导幼儿学习操作技能，克服一定的困难，坚持以幼儿为主的种植、饲养。这样才能使整个过程成为幼儿亲身体验、由浅入深地了解事物、充分发挥想象力和创造力的实验过程。

四、爱护动植物，关爱生命

在种植与饲养活动中，幼儿是通过与动植物的亲密接触而获得对对象的了解的，这个过程本身就是生命教育的过程。

在饲养活动中，教师可以通过照顾小动物的过程，让幼儿了解动物也是有生命的，培养幼儿形成“动物是人类的朋友，地球是人类和动物共同的家，人和动物要和谐共存，就要从关爱动物做起”的意识，激发幼儿关爱动物的情感，产生保护动物的行为。在种植活动中，教师可以通过“种植牵牛花”等活动，让幼儿在照顾植物生长的过程中，了解植物的生长特征，积累植物生长的经验，自然而然地产生“爱绿、护绿”的行为。

第三节　幼儿种植饲养活动设计与指导参考案例

一、幼儿种植活动设计与指导

1. 小班案例

（1）种植大蒜

秋天（9—10 月），幼儿可在园地里或用容器种植大蒜，最好是每人种一棵。种植时，幼儿可选用废旧塑料冰激凌盒或其他小型容器，教师将每个盒底剪一个洞，带领幼儿将土装进盒里，教师可帮助装好，不要装太满，然后发给每个幼儿一瓣蒜瓣。幼儿在教师的帮助下种下蒜瓣，放在窗台或自然角有阳光的地方，每天浇水。教师应提醒幼儿阴天、雨天不要浇水，而且平时水不必浇得过多，否则会引起烂根。这一种植活动很适合小班开展，因为幼儿都可以参加，能够培养他们爱劳动的好习惯。

小班学生种植大蒜

（2）种植大豆

大豆为一年生草本植物，植株高 50 ~ 150 厘米，种子为黄色、绿色、黑色，含有丰富的蛋白质和脂肪，各地均可栽种。

每年 4 月教师将地整好，和幼儿一起选粒大饱满的种子，用条播或点播的方法播下大豆种子，上面的土不要覆盖得太厚。教师要经常带领幼儿浇水，保持土壤湿润，发芽后及时除草、松土。豆科植物的根部有根瘤，具有固氮作用，所以不需要施肥。大豆生长过程中，教师带领幼儿观察，让他们发现什么时候开花结果。6 月可采收鲜嫩豆粒，7—8 月可采收大豆种子。收种子时，教师应告诉幼儿，大豆种子可食用或榨油，还可制成各种豆制品。

2. 中班案例

（1）种植青菜

青菜春秋季均可种植。教师带领中班幼儿将地整好，指导幼儿把土中的碎石块、瓦片拣干净。因菜籽较小，可拌上细土或沙子，然后由教师均匀地撒播在地里，保持土面湿润，待出苗后，每天安排幼儿浇水。长成菜秧后，如果密度过大，教师可拔除一部分，送至厨房煮熟食用。如果秋天种植，幼儿可在教师的指导下将菜秧移栽，长成大青菜。

（2）种植牵牛花

牵牛花又名喇叭花，是一年生草本植物，我国各地均可栽种。牵牛花花大色艳，深受幼儿的喜爱，是幼儿园理想的绿化用花。种植牵牛花时，教师可指导中班幼儿找到较为适合种植的地方，如小型花架、长廊等垂直绿化的地方，以及墙脚下、篱笆下、铁栅栏等处，还可种在窗台下，只要有地方攀缘就行。牵牛花适应性强，对气候、土壤的要求不高，可粗放管理。牵牛花夏秋季开花，花期较长，花朵一般早晨开放，中午前后逐渐凋萎。

3. 大班案例

大班幼儿已掌握了一定的种植技能，除可种植小班、中班种植的品种外，还可使园地更丰富些，小班、中班、大班种植的品种最好不要重复。

（1）种植苋菜

苋菜生长快，周期短，其种植方法与青菜差不多。每年 4 月教师带领幼儿将细小的种子与细干土拌匀后撒在地上，必须每天浇水，经常保持湿润。教师可安排幼儿轮流值班，独立完成浇水、除草工作。如果天气暖和，苋菜二十多天就能收获并食用，由于菜叶是红色，烧出的汤是红色的，幼儿感到新奇、爱吃，因此可定期采集，由厨房加工后食用。

（2）种植黄瓜

黄瓜是蔓生植物，我国各地均可种植，嫩果可作蔬菜食用，也可作水果食用。

清明前后，教师带领幼儿整好地，开两条浅沟，相距三十厘米左右，让幼儿用条播法将黄瓜种子播下，盖薄土，轮流浇水，保持湿润；十天左右出苗，进行第一次间苗，让幼儿将挤在一起的苗拔掉一些；等苗长大些，再间第二次苗，按株距 15 ~ 20 厘米留下健壮的苗。当瓜苗长出茎卷须时须搭架子，教师和幼儿一起用竹竿或树枝在瓜苗间搭人字形架子，中间可挂绳网，利于瓜藤攀缘。为了使黄瓜结得大，可在播种前施底肥，也可在生长过程中施几次氮肥，特别是开花结果前要施足肥料。当黄瓜开花时，教师引导幼儿观察黄瓜雌雄花的不同。黄瓜长大即可摘下品尝。

二、幼儿饲养活动设计与指导

1. 小、中、大班案例一：饲养金鱼

金鱼由于长期人工饲养，不断进行人工选择，产生了许多美丽的品种，具有较高的观赏价值，且饲养容易、管理方便，是幼儿园理想的饲养品种。金鱼一般可饲养于自然角，选择各种颜色的金鱼加以搭配，放入圆形或方形玻璃缸内，密度不能太大，以金鱼可自由游动为宜。

饲养金鱼

（1）小班

小班幼儿在教师的带领下定时给金鱼喂食，主要喂鱼食、鱼虫、面包屑和馒头屑，其中以鱼食、鱼虫最为理想，可去商店购买。喂食时，教师要告诉幼儿不可一次喂得太多。

（2）中班

中班幼儿负责定时喂食，还可收集水草、假山放入鱼缸内。

（3）大班

大班幼儿喂食时，应了解鱼的摄食情况与温度有关，如鱼摄食的最适宜温度为 15 ~ 25℃，高于 30℃或低于 10℃则活动迟缓，5℃以下停止摄食，处于冬眠状态，此时就不必喂食了。大班幼儿可在教师指导下学会给金鱼换水，换水时应用吸管抽去底部的污物，再缓慢地注入新水，不要一下子全部换光。教师要引导大班幼儿在观察金鱼时，及时发现病鱼，对其加以治疗和隔离。养金鱼最好用河水、池塘水，一般城市较难

取到，教师可在换水前让大班幼儿将自来水放在阳光下晒几个小时，或放置几天再用。

2. 小、中、大班案例二：饲养乌龟

乌龟属于爬行动物，生命力强，管理方便，不受季节限制，适合长期饲养，是幼儿园自然角较为理想的饲养动物。

饲养乌龟的容器可用玻璃缸，也可以用其他盆类。容器内的水应浅，并放置若干小石块，将乌龟放养在水里。

（1）小班

小班幼儿在教师的带领下观察乌龟怎样进食，看它是怎样爬行的，或者用一根小棒轻轻地触碰它，看看乌龟是如何将四肢和头都缩进龟壳里去的。这些有趣的事情能给幼儿带来乐趣，使他们更加热爱小动物。

（2）中班

中班幼儿用各种食物去喂乌龟，发现乌龟什么都吃，是杂食性的动物，吃植物的茎叶，也吃米饭，更喜欢吃昆虫、小鱼、螺蛙等动物性食物。中班幼儿在观察乌龟爬行时，教师引导幼儿思考“为什么乌龟爬得这么慢”，引导他们观察乌龟和金鱼呼吸时有什么不同，幼儿会发现乌龟总是将头露出水面呼吸。

（3）大班

在大班幼儿饲养乌龟活动中，教师应引导他们做一些比较。例如，将乌龟养在鱼缸的深水中会如何？如果在深水中放入一个石块呢？幼儿会发现乌龟趴在石块上呼吸，从而明白乌龟不能像金鱼那样在水中呼吸。另外，大班幼儿在给乌龟喂食时，发现它和其他动物不一样，乌龟冬天就不吃食了，因为乌龟食量与温度有关，夏秋季是主要进食季节，需每天或隔天喂一次，10 月份食欲开始下降，最后不吃不喝，开始冬眠，至第二年 5 月份才能开始喂少量食物。

思考 · 练习

1. 如何科学、合理地确定幼儿种植和饲养活动的内容？
2. 幼儿园应如何开展种植活动？
3. 幼儿园应如何开展饲养活动？
4. 结合教学实际，以小组为单位在教室或户外分别开展一次种植和饲养的体验活动。

第七章 幼儿科学游戏活动

学习目标

- 了解幼儿科学游戏活动的分类，能科学、合理地选择适宜的活动内容
- 能够独立地设计并组织开展幼儿科学游戏活动
- 认真学习案例，并能够进行教学实践模拟，做到触类旁通、举一反三

幼儿园中的科学游戏活动能使幼儿在轻松愉快的气氛中，手脑并用进行探索、操作，在与材料和玩具的频繁接触中，通过亲身实践获取真实的经验，帮助幼儿理解并形成简单的概念。幼儿参加科学游戏可以培养对科学的兴趣，养成爱科学的优秀品质，产生渴望学习科学知识的期待心理。

第一节 幼儿科学游戏活动概述

游戏是幼儿最喜欢的活动，它集自由性、趣味性、假想性和创造性于一体。游戏的这些属性与幼儿好奇、好玩、好动以及无忧无虑的年龄特性完全契合。因此，幼儿科学

游戏活动寓科学教育于游戏之中，让幼儿在试一试、做一做、玩一玩中认识科学现象，获得科学认识，符合幼儿的天性，备受幼儿欢迎。

一、幼儿科学游戏活动的含义

幼儿科学游戏活动是在教师的组织、指导与启发下，幼儿借助物质材料以及有关的玩具、图片和音像资料等，按照一定规则进行的蕴含科学知识的游戏活动。它是对幼儿进行科学启蒙教育的有效方法。科学游戏活动将科学教育目标寓于游戏之中，幼儿通过参与有一定规则的、有趣的玩耍和操作活动，获得相关的科学经验，复习巩固所学的科学知识，激发好奇心和探究欲望，发展观察力和思维能力等。

二、幼儿科学游戏活动的类型

1. 利用实物或天然材料的科学游戏

这种游戏可以让幼儿直接与自然物体接触，从而更直观地了解物体的特性。例如，进行水果、蔬菜分类游戏时，教师将各种水果和蔬菜的实物放在幼儿面前，让幼儿通过视觉、嗅觉、味觉或触觉来辨别、分类。又如，进行影子游戏时，幼儿可以在室外的墙面上做投射影子的游戏。再如，教师可以组织幼儿玩水、雪和小石子，使他们知道水是可以流动、无色无味的液体；雪花有各种形状，凉凉的，温度上升会融化；小石子是硬硬的，在水里可以下沉等。

2. 利用图片的科学游戏

这是一种利用图片反映科学内容的小游戏，可以帮助幼儿复习巩固已获得的科学知识，也可以帮助幼儿了解事物的一些主要特征。

这类游戏的活动材料可以在教学后投放在活动区内，以便幼儿在活动时间自由选取操作材料进行巩固和练习。常见的玩法有以下几种。

（1）拼图游戏

可以把幼儿认识过的物体按一定要求绘制成整幅图片，然后分割成若干部分，游戏时可以将整体拆成部分，或将部分拼成整体。在制作拼图时，图案应由简到繁，分成的部分由少到多。例如，把图片上的动物的头部、躯干、四肢及尾巴分割开，让幼儿按不同动物的特征拼合。针对大班，可将两幅以上的图片按同样的规则分割，然后混在一起，如将春、秋两幅景色图片混在一起，让幼儿分别拼好。

（2）接龙游戏

常见的接龙游戏有两种。一种是按动物、植物的生长过程接龙。例如，蝴蝶的生长过程是卵—幼虫—结茧—蝴蝶，玉米的生长过程是种子—发芽—秧苗—结穗—结玉米。

另一种是把一张狭长的卡片折成对等的两部分，在两部分上均匀绘制一种物体的一半，另一半绘制在另一张卡片上，要求幼儿找到物体的另一半并接上。

（3）配对游戏

开展配对游戏时，可以按动物的食物习性配对，如狗吃骨头、猫吃鱼、牛吃草；也可以按事物之间的联系配对，如脚和袜子、手和手套、铅笔和橡皮、花和土壤（水或阳光）。例如，在“给小动物找尾巴”活动中，一个幼儿先拿出一张小动物的图片，另一个幼儿要找出相应尾巴的图片配上。

3. 口头科学游戏

这类游戏要求在幼儿对周围事物有一定了解的基础上进行。例如，通过长时间的观察和认知，幼儿对春天的特征已有一定的认识，此时带领幼儿玩“说春天”的游戏，教师说“春天”，幼儿必须快速地接一句关于春天特征的短句，而且不能重复，如幼儿回答“天气变暖了”“燕子飞回来了”“雪融化了”……又如，玩“××跳跳”的游戏，当说到能跳的物体时，幼儿要做跳的动作，当说到不能跳的物体时，幼儿就要立正站好，否则就算失误。例如，当老师说“青蛙跳跳”，幼儿边做动作边跟着说“青蛙跳跳”；当老师说“电视跳跳”，幼儿就要马上立正站好。

4. 利用科技玩具进行的科学游戏

这类游戏是幼儿利用电控、声控、惯性、磁控等科技玩具进行的游戏，将玩与探索自然科学结合起来，以获取科学经验，培养对科学的兴趣。科技玩具主要有以下几种。

（1）发条玩具

发条玩具有发条，玩的时候，用钥匙或旋钮转动发条轴，使发条卷紧，在发条放松的过程中，玩具转动，如发条小火车、发条小飞机等。

（2）惯性玩具

用手推动惯性玩具，玩具会由于惯性向前滚动，如惯性小狗、惯性小火车等。

（3）电动玩具

电动玩具以电池的电力为动力，可以自行活动，如会拍照的熊猫、碰碰车等。

（4）发声玩具

发声玩具以电池的电力为动力，拨动开关，玩具会发出声音，如玩具电子琴发出铃声和音乐声等。

（5）遥控玩具

遥控玩具是一种利用遥控器操作的玩具。玩遥控玩具时，拨动开关，靠手中的遥控器控制玩具行动。

（6）电子玩具

电子玩具是借助电子技术产生声、光和图像效果的玩具，如游戏机、智能机器人等。

三、幼儿科学游戏活动的意义

1. 科学游戏能满足幼儿自主的需要，提高幼儿学习的主动性和积极性

游戏是幼儿主动学习的重要方式，幼儿是游戏的主人，进行科学游戏完全是出于自己的兴趣和愿望，这保证了幼儿学习的自主性和积极性，因而学习效果也好。

2. 科学游戏能培养幼儿对科学的兴趣，满足幼儿探索的需要

参加科学游戏可以培养幼儿对科学的兴趣，使其养成爱科学的情感，产生渴望学习科学知识的期待心理，为将来成为有用之才奠定良好的基础。科学游戏的成功，可为幼儿带来愉悦感和满足感，从而增强幼儿的自信心，进而成为其渴望再次参与游戏的动力。

幼儿在游戏中的操作往往是重复摆弄，这对幼儿来说是一种必要的练习。其中也包含着一些尝试性的操作，甚至还会孕育出探索性的行为，是积累科学经验的过程。例如，在“沉浮”游戏中，幼儿反复地把不同操作材料投放到水中，每一次操作，幼儿都有新发现，当他发现大的物体会沉下去后，他就会尝试把皮球放在水中，结果皮球却浮在水面上，于是他又会出现新的探索行为。

总之，科学游戏能够使幼儿在没有压力的状态下学习科学，能够使幼儿不断地探索科学活动，获得科学经验，掌握科学方法，养成科学精神和实事求是的科学态度。

第二节　幼儿科学游戏活动设计与指导

活动名称

水果店（小班）

活动目标

1. 能清楚地描述水果的名称和特征（形状、颜色、味道）。

2. 培养幼儿注意倾听别人讲话的习惯，发展听觉感受性。

3. 学说礼貌用语“你好”“谢谢”。

活动准备

幼儿认识的各种水果。

活动过程

1. 创设游戏情境，激发幼儿游戏的兴趣

（1）活动前把各种水果分别摆在一个玩具架上，创设出水果店的游戏情境。

（2）教师：“小朋友们，今天我们要玩一个新的游戏，游戏的名字叫作‘水果店’，老师扮演售货员，你们扮演店里的小客人，好不好？”

2. 介绍游戏规则，明确游戏的玩法

（1）教师介绍游戏规则。

教师：“小朋友们想不想知道这个游戏怎么玩呀？”（幼儿发表看法）

教师：“来我的水果店买水果不需要钱，但需要小朋友们说出你要买的水果的名称，还有它的颜色、形状和味道，都说对了，我就把水果卖给你。”

（2）示范游戏玩法。

教师：“现在老师先买一个水果，小朋友们要仔细看好，老师买完了，小朋友们来买。”

教师：“你好！我要买一个苹果，它是圆形的，红色的，吃在嘴里甜甜的，谢谢。”（这时，可以两个教师相配合，一个扮演售货员，一个扮演客人，客人说对了就能得到想要的水果）

3. 幼儿游戏，教师参与其中，使游戏活动有序展开

（1）教师扮演售货员，请幼儿来买水果，买时要说明水果的名称、颜色、形状和味道，说对了就得到水果。

（2）教师和其他幼儿起监督和指导作用。如果有的幼儿说错或不会说，可以请其他幼儿帮助完成。

4. 结束游戏活动，教师小结

待每个幼儿都有水果后，活动结束。

教师：“小朋友们今天表现得真棒，每个人都买到了自己的水果，我们把水果带回家送给爸爸妈妈，好不好？记得告诉他们今天你们是怎么买到水果的呀！”

活动评价

本活动过程简单、易行，活动目标明确，适合在小班初期开展。通过买水果的过程，幼儿不仅复习了各种水果的特征，还锻炼了语言表达能力和社会实践能力，在语言交流中学会说礼貌用语“你好”“谢谢”。

参加科学游戏可以培养幼儿对科学的兴趣，养成爱科学的情感，产生渴望学习科学知识的期待心理，为将来成为有用之才奠定良好的基础。科学游戏的成功，可以给幼儿带来愉悦感、满足感，从而增强自信心，进而成为幼儿渴望再游戏的动力。

一、科学游戏活动的设计与指导

教师是游戏环境的创设者、游戏进展的支持者、游戏过程的观察者与参与者。游戏时，教师要注重激发幼儿参加科学游戏的兴趣，组织和指导游戏顺利进行。现以“水果店”游戏为例，说明组织一般集体性科学游戏活动的步骤。

1. 创设游戏情景，激发幼儿游戏的兴趣

游戏开始前，教师首先要布置好游戏的场地，准备好游戏时所需的材料。

例如，在“水果店”游戏中，教师摆放好各种水果后，说：“小朋友们，今天我们要玩一个新的游戏，游戏的名字叫作‘水果店’，老师扮演售货员，你们扮演店里的小客人，好不好?”教师用语言充分调动幼儿参加游戏的兴趣，吸引幼儿注意力，调动他们的好奇心和参加游戏的积极性，使幼儿以期盼的心理来接受游戏。

2. 用清楚、简明的语言介绍游戏规则，明确游戏的玩法

游戏规则是否清楚直接关系到开展游戏的质量，所以教师在介绍游戏规则时应简单、清楚。根据科学游戏的需要和幼儿的实际水平，教师可以把讲解和示范结合起来，可以讲解完规则后再做示范，也可以边讲边做示范。教师的示范起到榜样作用，使游戏规则更直观，更利于幼儿理解和接受，使游戏活动顺利进行。

例如，在“水果店”游戏中，教师边讲游戏规则，边示范表演，一名教师扮演客人，说：“我要买一个苹果，它是圆形的，红色的，吃在嘴里甜甜的。”另一名教师扮演售货员，听到表述正确时，就把苹果给她。

3. 教师参与游戏，使游戏活动有序展开

幼儿是游戏的主要参与者，而教师是游戏的组织者、指导者，是幼儿行为的调控者。游戏中，教师既要关注游戏的进展，激励幼儿积极参与活动，给予启发性的提问和

引导，促使游戏的顺利进行，又要关注幼儿在游戏中的表现，根据幼儿的不同需要给予适当的帮助，鼓励幼儿克服困难、提出问题、解决问题，从而提高游戏活动的质量与成效。

例如，进行“水果店”游戏时，教师要发挥引导支持的作用，当幼儿不会描述某种水果时，教师应给予鼓励或引导启发，帮助幼儿克服困难，使游戏进行下去，从而达到游戏与学习的目的。

4. 结束游戏活动，教师小结

游戏结束时，教师要结合幼儿完成游戏活动的情况进行评价小结。一方面，教师应对游戏活动的质量予以评价，表扬、肯定积极的行为，鼓励新玩法、新创意；另一方面，教师要对幼儿执行游戏规则的情况作小结，对完成较好的幼儿给予肯定；最后，教师还要对幼儿提出新的希望和要求。

例如，在“水果店”游戏中，教师说：“小朋友们今天表现得真棒，每个人都买到了自己的水果，我们把水果带回家送给爸爸妈妈，好不好？记得告诉他们今天你们是怎么买到的水果呀！”

二、设计科学游戏时应注意的问题

为了使科学游戏成为幼儿科学教育的重要手段，教师在选择和组织科学游戏时，应注意以下几个方面的问题。

1. 游戏的科学性

教师在选择和组织游戏时，首先要保证游戏中蕴含的科学知识准确，难度适中，符合科学教育目的的要求及幼儿的年龄和学习特点。如果教师只是为了课堂教育的气氛，为了活跃幼儿而进行游戏，缺少科学性，那也就失去了科学游戏本来的意义。其次要考虑将知识隐含在游戏材料和游戏过程中，而不是简单说教。例如，在教幼儿认识“牛”的时候，可以先让幼儿在不知道的情况下猜一猜。幼儿通过问各种各样的问题及聆听教师的回答，一步步地猜出名字。在这个过程中就隐含了关于“牛”的许多知识，幼儿不是通过教师直接的说教获得知识，而是在愉快、自然的情境中巩固了科学知识。

2. 保证每个幼儿都能参与游戏

教师应使每个幼儿成为游戏的主体，使幼儿在与物质材料相互作用的过程中学习科学，游戏的结构应是幼儿的活动探索过程。游戏应既有外部的操作感知或身体活动，以满足幼儿活动的需要，又有内部的智力活动，要求幼儿努力进行思考。两者有机结合，既符合幼儿的年龄特点，又能达到科学游戏的目的。

在游戏的过程中，教师应给幼儿充分的操作活动时间，让幼儿通过自己的操作获得成果。教师急于求成，在幼儿遇到困难时过早地给予帮助，或采取包办代替的做法都是不恰当的。

3. 教师选择的游戏内容应有吸引力

游戏内容有吸引力，才能引起幼儿的好奇心与探索的兴趣。游戏的过程中应多包含一些探索性的问题，同时，教师在组织游戏活动的过程中应不断地、及时地加以启发和引导。

设计组织幼儿科学游戏，要注意结合幼儿的情趣特点。幼儿喜欢带有神秘色彩的游戏，它能一下子抓住幼儿的好奇心。在游戏中，幼儿对自己动手操作的游戏（操作类游戏）非常感兴趣。对于中班、大班的幼儿来说，具有竞赛性质的游戏有挡不住的诱惑力。所以，在组织游戏时，教师应尽可能地将幼儿感兴趣的成分加进去，让幼儿在游戏的快乐中体会到学习的愉悦。

4. 科学游戏也和其他游戏一样，应有一定的规则

科学游戏的规则应服从于科学教育的要求和游戏的展开，有利于幼儿的操作和智力活动，不能限制幼儿的活动。游戏的规则要简单，便于幼儿执行。

5. 游戏形式应坚持多样性原则

在游戏形式上，教师要注意将集体游戏、小组游戏和个别游戏结合。只有这样，才能使教师与幼儿之间的互动频率增加，让每个幼儿得到充分表现的机会，得到长足的发展，而且可以增进同伴间的友好感情。

第三节　幼儿科学游戏活动设计与指导参考案例

一、小班科学游戏活动设计与指导

活动名称

吹泡泡（小班）

活动目标

1. 能够吹出泡泡，发现吹泡泡的方法。

2. 愿意与同伴交流吹泡泡的发现，在游戏中大胆表现。

3. 体验吹泡泡的乐趣。

活动准备

泡泡水、吹泡泡工具（吸管或不同形状工具）每个幼儿一套、轻音乐。

活动过程

1. 教师示范引发幼儿兴趣

教师："小朋友们看，老师用吸管蘸一下瓶里的水，再对着吸管吹一口气，会变出什么？"（边说边示范吹出一个泡泡）

教师："泡泡是什么样子的？"

2. 幼儿尝试吹泡泡

教师："请小朋友们各选择一个吹泡泡工具来吹泡泡，试着吹出泡泡。"（幼儿选择工具试吹）"你吹出泡泡了吗？你是怎么吹出来的？"

教师："你对吹出的泡泡有什么发现？泡泡是什么形状的？泡泡是什么颜色的？泡泡是怎样在空中飞的？"

3. 提供不同形状的吹泡泡工具，引导幼儿观察吹出的泡泡

教师："请你猜一猜用桃心（五角星、三角）形状的吹泡泡工具吹出的泡泡是什么样子的呢？"（幼儿进行猜想后尝试）

教师："你用了什么形状的工具来吹泡泡？吹出的泡泡是什么形状的？"

教师小结：不论用什么形状的工具，吹出的泡泡都是球形的。

4. 教师与幼儿跟随音乐表现吹泡泡的过程，结束游戏

教师："现在让我们一起随着音乐也变成泡泡。"（师幼互动）

教师："你刚才变成了一个什么样子的泡泡？你还想变成什么样子的泡泡？"（讨论后自然结束游戏）

活动评价

本活动蕴含了物质科学领域中的核心概念——物质与材料的特性。幼儿通过在游戏中的探索，从而发现泡泡的形成及特征。活动先由幼儿尝试吹泡泡，然后观察泡泡的特点，分享自己的发现，猜想用不同形状工具吹出的泡泡，验证自己的发现，最后融入音乐，由教师引导幼儿用肢体表达。整个活动过程中幼儿亲身体验、猜想并表达发现，在一定程度上培养了幼儿的科学思考能力和表达能力。

案例二

活动名称

玩具展览会（小班）

活动目标

1. 感受玩具的多样性，愿意玩幼儿园的玩具。

2. 乐意向同伴介绍自己认识（或喜欢）的玩具的名称和玩法。

3. 学会用简单的语言清楚描述自己喜欢的玩具。

活动准备

将幼儿带来的玩具及幼儿园的玩具放在一起，布置成一个“玩具展览会”。

活动过程

1. 带领幼儿参观“玩具展览会”。

教师：“今天玩具城的阿姨邀请我们去参加‘玩具展览会’，你们想不想去？要是玩具城的阿姨没有邀请我们玩玩具，我们能不能随便动玩具城的玩具？”（不能）“能不能到处乱走？”（不能）“我们班的小朋友们不仅要懂礼貌，而且要守纪律。”

2. 引导幼儿说一说“玩具展览会”中有哪些自己认识的玩具，有哪些自己喜欢的玩具。

教师：“展览会中有很多玩具，玩具城的阿姨要考考你们，看你们认识多少玩具，哪些玩具是你们所喜欢的。”

3. 鼓励幼儿大胆尝试玩“玩具展览会”中的各种玩具，共享与同伴一起游戏的乐趣。

教师：“刚才玩具城的阿姨夸我们班的小朋友们很懂礼貌，现在她允许我们玩玩具。但一会儿不玩的时候，小朋友们要记得把玩具放回原处。”

4. 教师小结讲评。

教师表扬有礼貌、表现较好的幼儿，对活动中存在的问题给予指正。

活动评价

幼儿对玩具的喜爱是其他物品所不能代替的。本活动围绕参观“玩具展览会”进行，充分调动了幼儿参与的积极性。在边玩边说中，不仅锻炼了幼儿的语言表达能力，还让幼儿感受到了玩具的多样性，培养了幼儿的动手操作能力和探究能力。

案例三

活动名称

摸一摸（小班）

活动目标

1. 用手感知几种不同物品的特性（软硬、光滑、粗糙、冷热等和各种形状）。

2. 训练触觉感受力。

活动准备

1. 摸箱若干个。摸箱制作方法：将纸盒子四周用彩色纸贴封好，在每个盒子的顶上挖一个孔（大小刚好允许幼儿伸进一只手）。

2. 不同质地、形状的材料，如积木、海绵、棉布、丝绸、钥匙、玻璃球等，冷、热水袋各一个。

活动过程

1. 辨别不同质地的物品

（1）教师向幼儿提供几种不同的物品和材料，让幼儿随意摸一摸。然后请他们辨别：哪些东西是软的？哪些东西是硬的？哪些东西是光滑的？哪些东西是粗糙的？哪些东西是凉冰冰的？哪些东西是热乎乎的？

（2）游戏“蒙眼摸物”。让幼儿闭上眼睛（或用布蒙上眼睛），然后用手摸桌子上的物品，每摸到一个物品要说出它是什么。说对了的幼儿应受到表扬。

2. 摸箱游戏

（1）随意摸物：将一些小物品放进摸箱中，让幼儿从箱里随意摸出一件物品，并说出摸到了什么。然后把物品拿出来给大家看，检验摸物者说得对不对。

（2）摸相同物品：教师拿出一件物品，让幼儿在摸箱中摸出相同的物品；让幼儿将两只手分别伸进两个摸箱中，摸出两件相同的物品。

（3）按指令摸物：幼儿按照教师的要求在摸箱中找出物品，如“摸出一个正方体的积木”“摸出一个软的东西”等。

活动评价

本活动通过游戏体验进行物体属性的认知，采用游戏形式增加了活动的趣味性。活动中，教师要尽量多为幼儿提供一些材料。活动结束后，教师可将摸箱摆放到活动区，让幼儿自由地玩“摸一摸”游戏，并且应不断变换摸箱中的材料。

二、中班科学游戏活动设计与指导

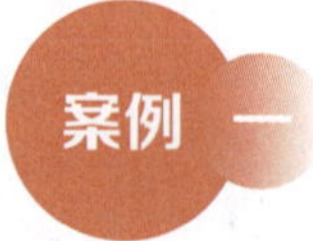

案例一

活动名称

玩沙（中班）

玩沙

活动目标

1. 通过实践操作感知和探索沙的特点。
2. 通过玩沙带来愉快的情感体验，培养建构能力。
3. 培养幼儿合作的良好品质和科学探索精神。

活动准备

1. 盛水的杯子每人一个，围裙每人一条，小棒若干。
2. 活动前检查沙坑安全及卫生。

活动过程

1. 带领幼儿来到活动场地，获得初步感觉

（1）带领幼儿到室外脱下鞋袜在水泥地上跑一跑、跳一跳，让幼儿说一说是什么感觉。（很硬，脚踩上去不舒服）

（2）请幼儿以同样的方式到沙坑里跑一跑、跳一跳，让幼儿说一说是什么感觉。

（很软，很舒服，摔倒了都不会疼）

（3）与幼儿共同讨论，得出结论：沙很软。

2. 发现游戏

（1）让幼儿用手玩一玩干沙，鼓励幼儿自己去探索和感知，看看有什么发现。

（2）发给幼儿每人一个杯子，让幼儿到水池里取水，自由活动。鼓励幼儿将新发现告诉教师和其他幼儿。

（3）师幼共同总结沙子的特点。例如，沙子很轻，不用费力就可以拿起来；沙子会跑，会从手指缝里掉下去，说明它很细；沙子没有味道；干沙不能粘在一起……把一杯水全倒进沙里，水倒得太多，就能看见沙子的上面有很多水，水上面还有几粒沙子飘浮；把水慢慢地倒进沙子里，水就不见了；把沙子放进杯子里，沙子不会溶解；沙子变湿了，可以捏东西……

3. 建构游戏

引导幼儿运用小棒进行建构游戏（也可用小棒在沙子上面画画）。对自己在沙坑周围获取材料、进行活动的幼儿加以肯定。

4. 欣赏游戏

共同欣赏幼儿的作品，给每个幼儿以肯定和鼓励。

5. 收拾、整理材料

带领幼儿将材料收拾、整理好。

6. 活动延伸

请幼儿回家后，看看什么地方有沙子，了解它们是用来干什么的，次日分享给大家，一起说一说沙子的用途。

活动评价

本活动以发现教育为契机，为幼儿提供了充分的活动时间和空间，使幼儿的探索欲望得到满足，培养了幼儿的求实精神，提高了幼儿的自主学习能力。

案例二

活动名称

有趣的尾巴（中班）

活动目标

1. 通过活动培养亲近自然、喜欢探究的兴趣。

2. 通过探究几种小动物的尾巴，形成初步的探究能力。

3. 在探究中认识周围事物，提高认知水平。

活动准备

主题课件、各种动物头饰、各种布艺尾巴、《找朋友》音乐伴奏。

活动过程

1. 活动的导入（启发谈话式）

教师："小朋友们，你们喜欢小动物吗？"（喜欢）

教师："小朋友们都喜欢哪些小动物呢？请大家边说边模仿一下。"（幼儿模仿小动物的样子）"你们观察过它们的尾巴吗？今天我们玩一个关于小动物找尾巴的游戏，好吗？"

2. 准备活动（猜猜我是谁）

（1）出示课件。

（2）根据尾巴猜动物的名字。

（3）选择合适的尾巴，根据动物生活习性判断各自尾巴的功能。

3. 游戏活动（小动物找尾巴）

游戏规则：将幼儿分成人数相等的两组，每组幼儿自由选择自己喜欢的小动物头饰，在《找朋友》的伴奏下，根据所戴头饰的小动物在布艺尾巴投放圈中找到合适的尾巴，进行接力游戏，哪组完成用时最短，尾巴找得最准确，哪组获胜。

（1）幼儿自主选择自己喜欢扮演的小动物。

（2）开始找尾巴接力游戏。

（3）宣布比赛结果。

（4）在游戏中穿插讲解不同小动物尾巴的功能。

4. 活动延伸（参观园内科学发现室）

带领幼儿参观园内科学发现室，观察和了解关于动物的各种信息。

活动评价

本活动利用科学与游戏的有机融合，使一节在传统意义上较为安静的活动变得丰富、充满快乐和趣味性。活动利用探究几种典型小动物尾巴功能的方法探究自然界的奥秘，既培养了幼儿科学认知的能力，又激发了幼儿探究科学的兴趣，具有一举两得的效果。

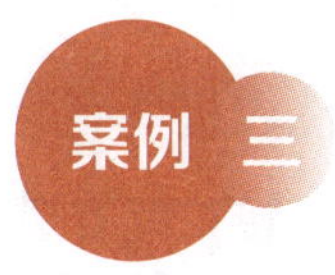

案例三

活动名称

快乐转动（中班）

活动目标

1. 在操作探索活动中积累有关转动的经验，激发幼儿对转动现象的兴趣和探索欲望。

2. 尝试使用多种方式使物体转动起来，体验转动的乐趣。

3. 积极参与探索活动，愿意和同伴交流，分享自己的发现。

活动准备

1. 师幼共同收集可转动的风车若干。

2. 其他物品：呼啦圈、地球仪、竹蜻蜓、球、绳子、雪花片、牛奶瓶、筷子、吸管、光盘、“金箍棒”、玻璃杯、水。

3.《大风车》音乐。

活动过程

1. 导入部分

播放《大风车》音乐，幼儿随教师拿着风车转动到放完音乐。

教师：“刚才老师、小朋友们的风车都转动起来了，为什么我们手上的风车会转动？是什么力量让它转起来的?”

教师：“如果老师不动，小朋友们有什么办法让我手上的风车转动起来，请小朋友们想一想。”

2. 幼儿操作探索并发现转动的各种有趣现象

幼儿自由操作转动的物体，观察感知转动的有趣现象。

教师：“今天老师要请小朋友们玩许多东西，每个小朋友选择一样东西，拿到中间试一试，你能用什么办法让它转动起来。但玩之前老师有个要求，当小朋友们听到音乐时，就立刻将物品放回原处。”

幼儿操作探索，教师观察并与幼儿交流。支持幼儿交流与分享，鼓励幼儿将自己的发现大胆地告诉其他幼儿。

3. 了解日常生活中转动的运用，感受现代科技带给人们的便利

教师：想一想，在我们的生活中还有哪些东西也能转动，转动能给我们的生活带来

什么好处。

教师小结：小朋友们说得真好，洗衣机里面的桶会转动，衣服放在里面转一转，就干净了；风扇会转动，夏天时风扇转一转，就有风吹过来；时钟里面的指针会转动，它可以告诉我们现在几点了。由此看来，转动的确给我们的生活带来了很多方便之处。

4. 探索让本身不能转动的物体转动起来

教师："刚才我们了解这么多会转动的物体，现在请一位小朋友找一找不会转动的物体。"（幼儿寻找发现）

教师："现在我要请每个小朋友选两件东西，想办法让它转动起来。你可以一个人探索，也可以和其他小朋友一起来。"（幼儿操作探索，尝试让本身不能转动的物体转动起来）

教师："我发现小朋友们想了许多办法，让那些不能转动的东西转动起来了，现在谁愿意将你探索的最好玩的方法告诉其他小朋友？"（集体交流与分享）

5. 活动延伸

教师："刚才小朋友们都想出了许多好办法，让本身不能转动的物体转动起来了，那怎么样才能让这些物体转动得更持久呢？ 请小朋友们在课外继续探索并把你们的发现告诉好朋友或者爸爸妈妈。"

活动评价

本活动通过日常生活中常见的风车转动引出活动主题，激发幼儿对转动现象的兴趣；通过自由操作活动使幼儿体验物体转动的发生过程，并从生活中找出转动的具体应用场景，促进幼儿对转动现象的认识与理解。活动中，教师为幼儿提供很多不同的材料，使幼儿能够充分进行操作探索与体验。活动既增进了幼儿对转动现象的认识，又发展了他们的探究兴趣和动手操作能力。

三、大班科学游戏活动设计与指导

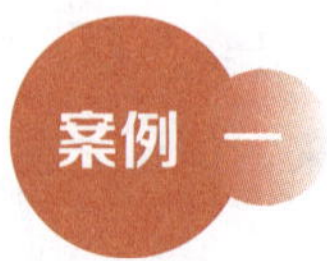

活动名称

光和影子（大班）

活动目标

1. 知道太阳、灯、火都能带来光亮，有了光人们才能看见东西。

2. 知道光线是向前直着照过去（即直射）的，当不透明的物体挡住了光线，光线透不过去时，就会出现影子。

3. 注意到光源和影子的方向相反，培养观察和分析问题的兴趣。

活动准备

手电筒、玩具小鹿、玩具娃娃。

活动过程

1. 提问引起幼儿兴趣，帮助幼儿弄清楚什么东西给大家带来光亮

（1）教师："白天很亮，什么东西都看得清，是谁发出了光亮？"（太阳）

（2）教师："夜晚很黑，想要看见东西怎么办？"（开灯）

（3）教师："没有太阳和灯时，还可以用什么照亮？"（打手电、点蜡烛）

2. 观察与认识影子的形成

（1）通过谜语让幼儿认识影子。

教师："老师给小朋友们说一个谜语，请大家猜一猜这是什么。"

（2）实验演示影子的形成。

调暗室内灯光，用手电筒向前发出一束光，照亮一面白墙。在手电筒的光前放一个玩具小鹿，光把小鹿照亮了，墙上出现了小鹿的影子。

在手电筒的光前换上一个玩具娃娃，光把娃娃照亮，墙上又出现了娃娃的影子。

附：谜语

你跑它也跑，你站它也站，有时它很长，有时它很短，没有光亮时，它就不出现。

教师："小朋友们都来说一说，影子什么时候会出现？为什么小娃娃的影子和这个玩具一个样？影子是什么颜色的？"

大班游戏活动——光和影子

3. 做“手影”

幼儿用自己的双手做成各种形态，互相看手影。

4. 户外玩“踩影子”游戏

幼儿在场地中四散跑开，由一个幼儿追赶并踩他们的影子，奔跑的幼儿设法不让自己的影子被踩。被踩到影子的幼儿需离开场地，谁的影子最后没被踩到，谁就是胜利者。

活动评价

本活动通过观察身边的事物——光和影子，激发幼儿产生探索事物特征的兴趣。在活动过程中，教师引导幼儿通过观察，并在充分运用感官、亲身实践的基础上，学习利用工具进行探索。另外，教师在开展活动时并不过分关注让幼儿掌握知识，而是注重激发幼儿对科学现象的兴趣和培养幼儿的探索精神。

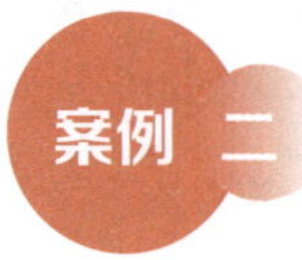

活动名称

有趣的磁铁（大班）

活动目标

1. 通过对磁铁的探索，初步认识、发现磁铁能吸住铁制的东西。

2. 通过对磁铁的实验操作，培养对磁铁的探索兴趣。

3. 通过对实验的操作记录，学习实验记录的方法。

活动准备

1. 材料盒一个，内置磁铁、回形针、螺钉、硬币、纸张、玻璃球、塑料玩具、泡沫等材料。

2. 磁铁小人儿（以下简称“小人儿”）。

3. 每人一张记录表、一支记录笔。

活动过程

1. 教师通过魔术表演导入，激发幼儿的好奇心和探索兴趣。

教师：“老师今天给小朋友们变个魔术。”（操控磁铁使小人儿翻滚跳舞）。

让幼儿讨论小人儿为什么能跳舞。引导幼儿注意观察小人儿下面有一块铁片，它随着塑料板下面的磁铁移动而移动，因此小人儿就能跳舞了。

幼儿在教师的引导下积极思考与讨论。

2. 教师引导幼儿尝试操作，使幼儿发现并提出问题

（1）教师介绍材料，引导幼儿初步探索磁铁的特性。

教师："小人儿会跳舞，有趣吗？"（有趣）"老师给小朋友们准备了许多东西。"（介绍铁制品和非铁制品）"请大家拿着磁铁去吸一吸盒里的东西，看看它们有什么不同。"

幼儿在教师的引导下积极探索，努力发现问题。

（2）幼儿自由操作探索。

（3）教师引导幼儿交流、分享发现。

教师："小朋友们都来说一说你们发现了什么。"

（4）幼儿在教师的引导下努力思考，积极回答问题。

3. 教师引导幼儿再次操作，尝试记录

（1）教师出示记录表，先示范记录，再指导幼儿记录。

教师："先看看老师是怎么记录的，等会儿老师请小朋友们记录磁铁能吸住哪些东西，不能吸住哪些东西。"

幼儿在教师的示范中学会记录方法。

（2）幼儿再次操作并尝试记录。

（3）教师引导幼儿进行交流。

教师："被吸住的东西是哪些？是用什么材料做成的？没被吸住的东西又是用什么材料做成的？"

幼儿在教师引导下思考，积极回答问题。

4. 活动延伸

教师："磁铁真好玩，小朋友们回家后在注意安全的前提下，也可以用磁铁碰碰家里的东西，找找还有哪些东西能让磁铁吸起来，了解磁铁还有什么秘密。"

活动评价

教师通过魔术游戏导入活动，激发幼儿探索兴趣，再引导幼儿通过操作探索发现磁铁的特性，并进行自主交流讨论，然后示范填写观察记录表，使幼儿在探索操作中学会填写记录。

思考·练习

1. 为什么要在幼儿园开展科学游戏活动？

2. 在幼儿科学游戏活动中，教师和幼儿各处于什么地位？应该怎样处理两者之间的关系？

3. 结合幼儿科学游戏活动设计步骤编写一份幼儿科学游戏活动教案。

第八章
幼儿区域科学教育活动

学习目标

- ◆ 了解幼儿区域科学教育活动的特点和类型
- ◆ 掌握各类幼儿区域科学教育活动的设计与指导策略
- ◆ 能够独立地设计并组织开展幼儿区域科学教育活动
- ◆ 认真学习案例，并能够进行教学实践模拟，做到触类旁通、举一反三

区域科学教育活动是幼儿接触最多、开展最方便、效果最直观的科学教育活动。区域科学教育活动是对科学集体活动的一种延伸，是幼儿自主探索的另一领域，也是教师对幼儿科学教育实施个别化指导的好机会。

第一节　幼儿区域科学教育活动概述

一、幼儿区域活动的含义

幼儿区域活动也称区角活动、活动区活动，是指教师从幼儿的需要、兴趣出发，

结合教育目标和教育活动的要求，将活动场地划分为若干不同的区域，如阅读区、表演区、自然角、科学区、数学角等，在其中投放各类活动材料，制定相应的活动规则，让幼儿自由选择活动区，不同区域内的幼儿在与材料、环境及同伴的相互作用下学习并获得知识。

二、区域科学教育活动的类型

1. 自然角科学教育活动

自然角是指在幼儿园活动室内向阳的角落、走廊安放桌子或设置分层木架，将一些适于在室内生长和照料的动物、植物或收集来的非生物，有秩序地布置在上面的活动场所，如下图所示。在自然角开展的区域科学教育活动即为自然角科学教育活动。

自然角

2. 科学区教育活动

科学区是指在幼儿园里专门建立的用于科学探究活动的场所，如科学观察与发现室，也包括在活动室内划出的一定区域和角落，提供一些操作和制作材料，供幼儿进行操作、实验和探索活动的情况，如下图所示。在科学区开展的区域科学教育活动即为科学区教育活动。

3. 数学角科学教育活动

数学角指在幼儿园活动室内划出的一定区域和角落，摆放各种数学材料、玩具、棋牌等，供幼儿摆弄、操作并进行数学相关知识学习的活动场所，如下图所示。在数学角开展的区域科学教育活动即为数学角科学教育活动。

科学区

数学角

三、区域科学教育活动的特点

区域科学教育活动为幼儿提供更加宽松、自由的活动空间。幼儿在这里可以依照自己的兴趣、需要、学习水平和学习方式自由选择活动内容和活动伙伴，自主地探索，从而体验成功的快乐和自信。区域科学教育活动的特点主要有以下两个方面。

第一，区域科学教育活动是一种幼儿自主操作、自由探索的活动，为幼儿自主性的发挥提供了广阔空间。

第二，在区域科学教育活动中，幼儿处于活动的主体地位，教师是活动的环境创设者和指导者。

知识卡

早期科学阅读活动

一、早期科学阅读的含义

早期阅读是指为幼儿提供阅读图书的经验，还包括早期识字和早期书写的经验。在幼儿科学学习的过程中，教师不仅需要让幼儿亲历科学探究的过程，而且有必要充分利用各种艺术手段，特别是儿童文学作品开展各种科学教育活动。这既是幼儿科学教育必需的，也是幼儿年龄特点使然。幼儿从牙牙学语开始，就对那些语言生动、情节丰富、画面形象突出、色彩鲜艳的图书产生了浓厚的兴趣。顾名思义，早期科学阅读是指幼儿通过阅读科学知识丰富的作品（包括故事、儿歌、谜语等）学习科学的一种方法。早期科学阅读有利于扩展和丰富幼儿的科学经验，激发他们对科学的兴趣，帮助幼儿理解科学概念。早期科学阅读还能激发幼儿的想象力，使幼儿在已有科学经验的基础上产生丰富的科学幻想，从而提高创造潜力。

二、早期科学阅读的类型

1. 科学诗

科学诗以向幼儿传授科学知识为主要目的，它是科学内容与诗歌形式相结合的产物。幼儿科学诗的种类繁多，有科学叙事诗、科学抒情诗、科学儿歌或科学歌谣等。例如，《云彩和风儿》——天上的云彩真有趣，天上的风儿真能干。吹呀吹，云彩变成小白船，竖起桅杆，扬起风帆，小白船，飘呀飘，飘到远处看不见。吹呀吹，云彩变成大狮子，弓起身子，张开大口，狮子吼呀吼，吓得羊群都逃散。吹呀吹，云彩变成胖娃娃，头戴帽子，身穿围兜儿，跑来跑去，跟着太阳公公闹着玩。天上的云彩真有趣，天上的风儿真能干。

2. 科学童话

科学童话也称知识童话、自然童话。它用童话的艺术形式向幼儿传授科学知识，达到童话性和科学性相统一的目的。科学童话能传达一定的科学知识，启迪幼儿的智慧，愉悦幼儿的心情。科学童话的内容一般较浅显，情节结构安排也较单纯、简明。拟人化手法是科学童话在艺术表现上常用的手法。

3. 科学故事

科学故事是科学内容与故事形式相结合的产物。它把科学技术上的发现，常用自然现象的科学道理，动植物的生活习性或其他物体的特征、性能等知识融入故事之中。科学故事主要有科学生活故事、科学幻想故事、科学家的故事等。

4. 谜语

谜语是通过隐喻和暗示提供某些根据和线索，供人猜测的一种隐语。科学教育中的谜语主要以具体的自然物体和某种现象为谜底，通过对物体或现象特点的具体形象的描绘影射谜底，对幼儿进行科学教育。例如，谜语《花生》——麻屋子，红帐子，里面住着白胖子。

5. 科普画册

科普画册通过简单的有关科学内容的画面对幼儿进行科学教育。科普画册因其图文并茂而深受幼儿喜欢，如《幼儿知识百科》《幼儿十万个为什么》等。无论是科学诗歌、科学童话还是科学故事，都应配有彩色的画面。

6. 科普视频

科普视频是以动态的画面向幼儿展示科学内容的一种方式。它比图书更生动地为幼儿提供大量信息。例如，一个科普视频能展现蜗牛移动的细节，也能在较短时间内快速地展示一种动物或植物的生命周期现象。这是一本平面、静态的书籍所难以实现的。

第二节　幼儿区域科学教育活动设计与指导

幼儿区域科学教育活动的设计与指导同样遵循教育活动的一般步骤，但由于其开放性、个别化的重要特性，活动的设计和指导更注重教师在活动过程中的应变和反应能力，如教师是否能够准确抓住时机进行教育和引导，是否能够尊重幼儿主体性和自主性，并恰到好处地进行指导等。因此，该活动的设计和指导对教师的全面素质提出了要求。

一、自然角科学教育活动的设计与指导

1. 自然角中的物品摆放要做到安全、卫生、有序，这是开展教育活动的必要前提。

2. 自然角中的物品要符合幼儿的认知特点，满足其好奇心，适应其观察力发展水平，并能够使幼儿在观察探索活动中有所收获。

3. 自然角摆放的物品要适应季节变化，随幼儿学习进程的发展而不断更换。

4. 自然角中的活动多为幼儿自由观察与探索，教师要善于观察，发现并抓住每一个

有利时机及时地对幼儿加以引导，推动探索活动的发展。

二、科学区教育活动的设计与指导

1. 活动的设计、开展必须以材料为中心，丰富多彩的材料是开展科学区教育活动的物质前提。

2. 教师应注重对幼儿学习、探索兴趣和乐学态度的养成，重视活动过程中幼儿的发展，而不强求其对知识技能的获得。

3. 让幼儿自主和自发地探究学习，重视个别化的启发引导。

4. 为幼儿营造和谐、安全的物质与心理环境，保障观察、探索等学习活动的进行。

三、数学角科学教育活动的设计与指导

1. 为活动提供丰富、有层次、形象的材料。

2. 随着幼儿数学能力的发展和学习进度的进行，不断地补充并调整操作材料。

3. 由于数学学科自身具有较强的逻辑性，活动过程中应使幼儿明确活动的规则和材料的具体操作方法。

4. 教师做到敏锐观察、适时指导，针对不同幼儿各自不同的特点，因材施教，促进每个幼儿的发展。

5. 促进幼儿在安全、和谐的物质与心理环境下相互交流，引导幼儿自主学习。

如何选择区域科学教育活动中的材料

区域科学教育活动的特殊性决定了它的设计应该“以材料为中心”展开，活动目标和过程的设计应该蕴含于材料之中。材料的选择成为活动设计与组织的重要部分，其具体要求如下。

1. 为幼儿提供丰富多彩的活动材料。

2. 为幼儿提供多功能性的材料。

3. 为幼儿提供分层次性的材料。

4. 为幼儿提供有序列性的材料。

5. 为幼儿提供有结构性的材料。

6. 为幼儿提供有滚动性的材料。

7. 让每个幼儿都有足够的材料。

第三节　幼儿区域科学教育活动设计与指导参考案例

一、小班区域科学教育活动设计与指导

活动名称

帮豆豆搬家（数学角）（小班）

活动目的

1. 学习 10 以内数的顺数、倒数，区别 10 以内数中的单数、双数，巩固对几何图形的认识。

2. 锻炼幼儿手指的灵活性。

活动准备

蚕豆、筷子若干，画有数字或图形的纸板图若干张。

活动过程

1. 用筷子将一粒蚕豆依次从 1 搬（夹）至 10 或从 10 搬（夹）至 1。幼儿熟悉玩法后进行“夹豆子”比赛，又快又正确者为赢家。

2. 分别按单数、双数练习帮蚕豆搬家。

3. 用筷子将一粒蚕豆任意夹到三角形、圆形、正方形等图形里，并说出结果，如“我把豆豆搬到了三角形的家里”。

活动评价

本活动在手指动作的配合下，将数量、单双数、几何图形融合在一起，体现了教育内容的整合。不过，本活动需要有一定的练习时间来熟悉活动操作，适用于对已经获得相关“数”和“图形”的基础概念的幼儿进行强化练习，巩固学习效果。

案例二

活动名称

测量小能手（数学角）（小班）

活动目标

1. 能感知和比较物体的高低，并能用相应的词表示。

2. 初步认知测量概念。

活动准备

棕色梯、测量棒、蜡笔、《幼儿生活数学》。

活动过程

1. 用搭高游戏导入

（1）选两组幼儿，每组两人，两组同时搭棕色梯，在 20 个数以内看哪一组搭的高。（由观看比赛的幼儿来数一数）

（2）教师演示怎样用测量棒测量两组搭建的作品，然后总结游戏，并引出测量与比较的概念及方法。

2. 探索发现与应用

教师和幼儿一起观看《幼儿生活数学》中“高低蜡笔猜一猜”。

（1）操作区：每人一支蜡笔，幼儿自己尝试用蜡笔测量两座沙城堡的高低，并在较高的城堡下面的空白区做标记。

（2）练习区：教师和幼儿一起观看《幼儿生活数学》后面三页的内容，引导幼儿清楚每页的任务，根据幼儿的能力完成相应的练习。

3. 活动延伸

在户外活动时，引导幼儿想办法测量和比较实物的高低，如“咱们幼儿园这个小鸭子的垃圾桶和那个小鱼垃圾桶哪个高呢？你是怎样测量比较的呢？”

活动评价

活动前的小游戏吸引了幼儿的注意，同时也引出了这次活动的关键词“高”和“低”。参与搭高游戏的幼儿专注、认真，遵守游戏规则，为后面的测量与比较做好铺垫。建议教师在演示测量时不仅要引导幼儿仔细看，还要尽量清楚、详细地讲明测量的方法和注意事项，让幼儿初步掌握测量的方法，为后面的练习和活动延伸打基础。

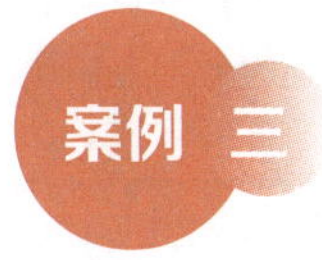

活动名称

平面停车场（建构区）（小班）

活动目标

1. 认识不同的停车场。

2. 能自由两两或三两组合，通过合作搭建平面停车场。

3. 体验合作建构的快乐，提高同伴间相互合作的能力。

活动准备

长短不同的木板、圆形和弧形的积木、奶粉罐、鞋盒、建构积木及配件、不同停车场的图片等。

活动过程

1. 活动导入

（1）欣赏停车场的图片，集体讨论停车场的基本特征和搭建方法。

（2）小组讨论如何搭建停车场，搭建时需要用什么材料，需要搭建几个车位。

（3）幼儿分小组合作在指定的平面上（如原来搭建过的马路）搭建停车场。

2. 教师巡回指导

（1）引导幼儿自主观察各种不同的停车场图片。

（2）让幼儿了解搭建停车场的拼接和间隔距离。

（3）对于搭建有困难的小组给予适时的帮助和指导。

（4）请有经验的幼儿边搭边向同伴描述搭建对象的基本特征和构造。

3. 小结与展示

（1）幼儿集体展示并介绍搭建停车场的成果，讨论搭建过程中遇到的困难与问题，以及采用何种解决策略。

（2）幼儿继续调整建构时发生的一些问题，并进行示范。（搭建时，教师应要求幼儿追求停车场的平整性、稳固性以及美观性）

活动评价

活动之前给予幼儿足够的相关经验准备，幼儿通过小组方式进行讨论与合作，教师巡回指导，积极引导。最后通过展示汇报，促进了相互学习，教师对共性和难题进行针对性的讲解与示范，及时提升了幼儿对建构活动的科学认识与操作能力。

二、中班区域科学教育活动设计与指导

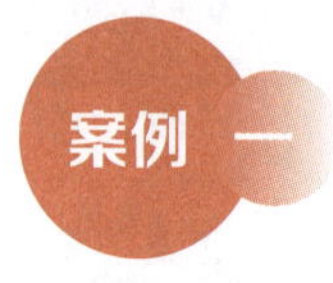

案例一

活动名称

摆动的沙漏（科学区）（中班）

活动目标

1. 让幼儿初步感知用力大小、易拉罐运动速度及沙子的轨迹三者之间的关系。

2. 发展幼儿手部肌肉，增强其对手部力量大小的控制能力。

活动准备

1. 每人一个使用过的易拉罐，在其底部开一个小洞，装进干燥的细沙，把易拉罐吊在一根细绳的一头。

2. 每人一张 4 开大小的彩纸，并对折成 8 开大小备用。

活动过程

1. 导入

（1）出示制作好的易拉罐。

教师："这是什么？"（易拉罐）

（2）教师示范摆动易拉罐，引导幼儿说出易拉罐的摆动与手有关。

2. 引导幼儿感知用力大小与易拉罐的摆动速度之间的关系

（1）请幼儿上前任意领取一个易拉罐，尝试让易拉罐摆动起来。

（2）组织幼儿得出结论：用力小，易拉罐就摆动得慢；反之，则摆动得快。

3. 引导幼儿感知用力大小与易拉罐的摆动速度以及沙子轨迹之间的关系

（1）教师示范沙漏作画，引导幼儿仔细观察，激发幼儿活动愿望。

教师："小朋友们，我的易拉罐里面藏着一样东西，我想请大家和我一起来看看是什么。"（出示色纸，教师示范正确使用沙漏的方法）

教师小结：轻轻用力，才能使易拉罐摆得慢，沙漏的轨迹才会小，而且还不会漏到地面上。

（2）幼儿尝试进行“沙漏作画”，教师巡回指导。

1）鼓励幼儿在 8 开大小的色纸上进行“沙漏作画”，要求幼儿把沙子倒回易拉罐。

2）鼓励幼儿将色纸打开呈 4 开大小，然后进行“沙漏作画”，要求幼儿稍用力，使易拉罐的摆动幅度大一点，沙漏的轨迹大一点，然后将沙子倒回易拉罐。

3）合作进行“沙漏作画”。全体幼儿将色纸拼凑起来，鼓励幼儿正确控制力度进行活动，提醒幼儿之间保持距离，以免发生碰撞。

4. 组织幼儿进行集体欣赏和讲评“沙画”

教师：“刚才在制作大沙画的过程中，你们是怎样使远处的色纸上也能被漏上沙子的?”（用力的大小）

教师小结：今天，小朋友们个个都是小小科学家，用你们灵巧的双手进行了一次有意义的活动，发现了用力大小与易拉罐摆动以及沙子轨迹之间的秘密。希望小朋友们在以后的学习和生活当中，都能够拥有一双善于发现的眼睛，用它们去发现更多的科学奥秘。

活动评价

本活动通过简单的沙漏装置引导幼儿探索力的大小与沙漏摆动之间的关系，还探索了沙漏摆动与沙子在纸上形成图案形状的关系。教师通过亲自操作，激发了幼儿探索的欲望，锻炼了幼儿的观察力，使他们获得了相关科学知识。

活动名称

有趣的静电现象（科学区）（中班）

活动目标

1. 充分体验身边的科学，对摩擦生电现象感兴趣。

2. 培养观察能力和操作能力，能大胆猜测，独立完成实验。

3. 初步了解、感知静电现象，知道摩擦生电原理。

活动准备

吸管、塑料尺、木棍、塑料笔杆、碎纸片，每种材料若干。

活动过程

1. 提问导入

（1）教师出示操作材料和碎纸片。

教师："小朋友们，桌子上的物品你们都认识吗？你们能用桌子上的物品让彩色的碎纸片站起来跳舞吗？请你们试试看。"

（2）提出要求，请幼儿自由尝试。

（3）交流操作结果。

2. 教师操作，引起幼儿观察和探索的兴趣

（1）教师摩擦吸管，然后轻轻靠近纸片，让幼儿观察纸片的变化。

（2）幼儿对刚才的现象进行猜测和交流。

教师："为什么小纸片会自己蹦到我的吸管上呢？"

（3）幼儿猜测讨论，可以让幼儿摸摸吸管，大胆猜测，鼓励幼儿根据自己的生活经验，扩展思路进行思考。

3. 幼儿感知、体验摩擦生电的现象

教师："小朋友们，你们猜了这么多的方法，是不是这样的呢？现在就自己动手试试，当吸管靠近碎纸片时，小纸片是否会主动地跳到吸管上吧！"（幼儿动手操作，验证自己的猜测）

请幼儿表述自己使用各种材料操作的情况和结果。

4. 引导幼儿了解感知摩擦生电的原理

请幼儿在自己的头发上或者衣服上摩擦操作物品。

教师小结：摩擦生电是一种静电现象，就是两个物体互相摩擦产生静电。但没有摩擦或摩擦的时间、力度不够，是没办法产生静电的。我们在日常生活中经常会遇到静电现象，梳头的时候头发飘起来，脱衣服的时候有声音和点点火花。被静电"电"到时，被"电"的部位还会有微微的疼和麻的感觉。

5. 活动延伸

带领幼儿到科学发现室，通过实验操作与在体验区体验了解更多静电的相关知识。

活动评价

在本活动中，教师通过经典小实验引发幼儿探索的兴趣，并使幼儿在科学区充分操作材料探究静电现象，从而理解摩擦生电的现象，并理解生活中的静电现象，为下一步进入科学发现室深入学习静电知识做好铺垫。

三、大班区域科学教育活动设计与指导

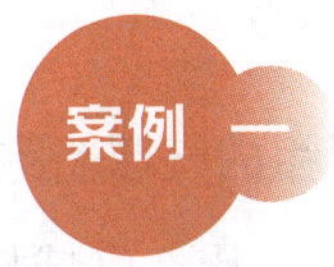

案例一

活动名称

气球船（科学区）（大班）

活动目标

1. 激发幼儿主动探究身边的事物和现象的愿望，并从中体验快乐。

2. 通过观察、实验等活动，感受气球里的空气向外排出时会产生反作用力，探索吸管的不同与气球速度的关系。

3. 学习做气球船，提高用透明胶带固定气球和吸管的能力。

活动准备

“小河”（长方形大水盆）、吹好的气球一个、未吹的气球若干、剪刀、透明胶带、吸管、毛巾、相关视频。

活动过程

1. 小实验“气球船”

教师：“小朋友们，看看今天老师给你们带来了什么？”（气球）“今天老师想用这些气球做个小实验，看看把它们放在水里会有什么现象发生。”

2. 幼儿讨论观察的现象，教师总结

教师：“小朋友们刚刚看到了什么？”（幼儿发言）

教师：“小朋友们说得真棒，这些气球在水里能像小船一样行驶，真好玩！老师给这些能行驶的气球起了一个好听的名字，叫气球船，你们说好吗？”

3. 幼儿尝试做气球船，教师给予引导和支持

教师：“老师做的气球船好不好玩？你们想不想做个气球船在水里玩一玩呢？通过刚刚小朋友们的观察，谁能说说气球船是怎样做的？”

教师边示范边讲解气球船的制作方法。

教师：“老师今天为你们准备了气球、吸管、透明胶带、剪刀和毛巾。现在请小朋友们各做一个漂亮的气球船，放到小河里试一试。”

教师个别指导幼儿使用胶带，并将气球船放到水中引导幼儿观察速度的不同。

教师："刚才老师做气球船时，小朋友们发现了气球船用吸管排气才能在水上行驶，现在小朋友们仔细观察你做的气球船和别人的气球船有什么不同。"（气球船的速度为什么不一样呢？）

教师："小朋友们说得真好，吸管粗的气球船跑得快，细的跑得慢。"

教师："老师想考考你们，你们说为什么气球插上吸管排气时就能在水中行驶呢？"（幼儿各抒己见）"老师带来了一段视频，我们看看能不能找到答案。"

4. 播放视频，师幼共同寻找气球船的原理

教师："刚才我们看过视频了，谁告诉我火箭是怎样升空的。"

教师："气球是靠向后排出气体，才能向前运动的。"

教师："小朋友们现在想一想，我们的气球船为什么能在水里行驶呢。"

教师："老师告诉你们，这两种现象属于一个原理，叫'动量守恒'。"

5. 小结：师幼共同尝试做气球火箭

教师："火箭起飞和气球船行驶属于一个原理，那小朋友们现在想不想让你们的气球船也像火箭一样飞上天空呢？（想）我们试一试，好不好？"

教师："请小朋友们到水里拿出你们刚才做的气球船，吹满气，捏住先不发射，这次我们来个飞行比赛，大家一起发射。"（幼儿吹气球）

教师："预备齐，发射！"

活动评价

本活动的制作和操作过程很关键，是需要重点讲解的部分，也是实验成功的保证，从而进一步引出问题，激发幼儿的好奇心与兴趣，促进幼儿思考。将"气球船"迁移到"气球火箭"，展现了活动的拓展性。

关于"动量守恒"的表述理论性、抽象性较强，幼儿理解起来可能不太容易，活动中应注意引导幼儿探索、发现现象，对抽象概念的理解不做要求。

活动名称

运沙（自然角）（大班）

活动目标

1. 激发幼儿探究兴趣，在探索活动中掌握运沙的科学方法。

2. 让幼儿在活动中发现：用大小不同的工具运同一堆沙，大工具运的次数少，小工具运的次数多。

3. 培养幼儿发现问题、解决问题的能力。

活动准备

沙子、大小不同的杯子、记录单、记录笔等。

活动过程

1. 谈话引起幼儿兴趣

教师："小朋友们，今天让我们来玩一个运沙游戏，你们想用什么工具来运沙？"

2. 幼儿第一次运沙

（1）提出要求：两人一组轮流运沙，并记录运沙的总次数。

（2）出示统计表格，记录每组幼儿运沙次数，并引导幼儿观察和发现问题。（每组两人使用一个工具运同一堆沙子，次数却不一样）

（3）引导幼儿用科学的方法运沙：每一次要运得一样多，通过示范明确运沙的具体操作规则（满杯后用工具刮平）。

3. 幼儿第二次运沙，验证

（1）统计运沙次数。

（2）引导幼儿观察数据，得出结论：同一堆沙子用同样的工具，都装满抹平了来运，运的次数是一样的。

4. 幼儿第三次用不同工具运沙

（1）让幼儿预测使用大工具运刚才的一堆沙子，要运几次。

（2）幼儿操作。

（3）统计数据。

（4）幼儿通过观察数据得出：运的次数不一样，大杯子那一排的数据小，小杯子那一排的数据大……

教师小结：用大小不同的工具运同一堆沙子，大工具运的次数少，小工具运的次数多。

5. 活动拓展

教师："请小朋友们想一想，如果用小碗来运沙，结果又会怎么样。下次我们再来试一下。"

活动评价

本活动为幼儿提供了接触大自然的机会。幼儿通过实践操作发现问题并在教师的引导下找到问题的答案，提高了幼儿的动手能力和自信心。活动时应注重问题探索的逻辑顺序，以便取得较好的活动效果。

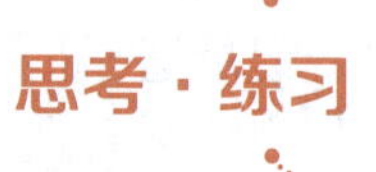

思考 · 练习

1. 谈谈你对区域科学教育活动的理解。

2. 如何设计与指导自然角科学教育活动？

3. 如何设计与指导科学区教育活动？

4. 如何设计与指导数学角科学教育活动？

5. 设计一次区域科学教育活动（自然角、数学区、科学区任选一个），并在实践教学中进行模拟试教。